本书内容系中国社会科学院“青启计划”项目——“中国式现代化进程中的人口高质量发展问题研究”（2024QQJH160）的阶段性成果。

生命历程视角下的老年人认知功能与心理健康：现代化进程中的健康老龄化策略探索

赵晓航　著

中国出版集团
中译出版社

图书在版编目（CIP）数据

生命历程视角下的老年人认知功能与心理健康：现代化进程中的健康老龄化策略探索 / 赵晓航著.-- 北京：中译出版社, 2025.3. --ISBN 978-7-5001-8195-8

Ⅰ. R749.1; R161.7

中国国家版本馆CIP数据核字第2025SF7037号

生命历程视角下的老年人认知功能与心理健康：现代化进程中的健康老龄化策略探索

SHENGMING LICHENG SHIJIAOXIA DE LAONIANREN RENZHI GONGNENG YU XINLI JIANKANG:XIANDAIHUA JINCHENGZHONG DE JIANKANG LAOLINGHUA CELUE TANSUO

出版发行 / 中译出版社
地　　址 / 北京市西城区新街口外大街 28 号普天德胜主楼四层
电　　话 / （010）68359376（010）68359827（发行部）;（010）68002926（编辑部）
传　　真 / （010）68357870
邮　　编 / 100044
电子邮箱 / book@ctph.com.cn
网　　址 / http://www.ctph.com.cn

策划编辑 / 于建军
责任编辑 / 于建军
特约编辑 / 孙　晓　王加新
封面设计 / 乜春瑞

排　　版 / 乜春瑞
印　　刷 / 北京四海锦诚印刷技术有限公司
经　　销 / 全国新华书店

规　　格 / 889mm × 1194mm　1/32
印　　张 / 7.75
字　　数 / 152 千字
版　　次 / 2025 年 3 月第一版
印　　次 / 2025 年 3 月第一次

ISBN 978-7-5001-8195-8　　　　定价 68.00 元

目　录

第一章　绪论

一、研究背景：积极应对人口老龄化国家战略的提出

人口老龄化是社会发展的重要趋势，是人类文明进步的体现，“是今后较长一段时期我国的基本国情，也是推进中国式现代化需要面对的重大课题（新华社，2024）”。国家统计局数据显示，截至2023年，中国60岁及以上人口已达到29 697万人，占全国人口的21.1%，其中，65岁及以上人口21 676万人，占全国人口的15.4%。按照联合国有关老龄化的划分标准①，我国已全面步入中度老龄化社会（鲁晓明、洪嘉欣，2024）。

近30年来，中国老年人口占比增速加快，高龄化趋势日益凸显（杨涵墨，2022）。1990—2010年，全国60岁及以上老年人口规模年均增长约3.06%，65岁及以

① 根据联合国的划分标准，当一国60岁及以上人口比例超过10%或者65岁及以上人口比例超过7%，则认为该国进入“老龄化”社会；当这两个指标翻番（即60岁及以上人口比例超过20%或65岁及以上人口比例超过14%）的时候，则认为该国进入“老龄”社会，也可以说是“中度老龄化”社会（杨舸，2020）。

上老年人口规模年均增长约 3.21%；2010—2020 年，全国 60 岁及以上老年人口规模年均增长约 4.04%，65 岁及以上老年人口规模年均增长约 4.83%。2020 年，80 岁及以上高龄老年人口占总人口的比重达到 2.54%。在 60 岁及以上老年人口中，高龄老年人口占比在 1990 年为 7.93%，2020 年已达到 13.56%。

根据联合国的 2024 年人口展望报告（United Nations, 2024），中国老年人口的规模和占总人口的比重将在未来相当长的时期内呈上升趋势。如图 1-1 所示，自 2020 年起到 21 世纪中叶，60 岁及以上老年人口和 65 岁及以上老年人口的规模都呈上升趋势，60 岁及以上老年人口规模预计在 2054 年达到顶峰，约为 5.13 亿人；65 岁及以上老年人口规模预计在 2058 年达到顶峰，约为 4.25 亿人。如图 1-2 所示，自 2020 年起到 21 世纪 80 年代，60 岁及以上老年人口和 65 岁及以上老年人口占总人口的比重都呈上升趋势，60 岁及以上老年人口占比预计在 2081 年达到顶峰，约为 53.84%；65 岁及以上老年人口占比预计在 2086 年达到顶峰，约为 47.79%。

面对日益严峻的人口老龄化形势，2020 年中国共产党十九届五中全会将积极应对人口老龄化上升为国家战略[①]，强调优化面向老年人的经济保障和健康保障。在随后的二十届中央财经委员会第一次会议（中央财办理

① 2020 年 10 月 29 日中国共产党第十九届中央委员会第五次全体会议通过的《中共中央关于制定国民经济和社会发展第十四个五年规划和二〇三五年远景目标的建议》中首次出现“实施积极应对人口老龄化国家战略”的提法。参见 https://www.gov.cn/zhengce/202203/content_3635465.htm。

论学习中心组，2023）和二十届三中全会[①]上，习近平总书记指出，“实施积极应对人口老龄化国家战略是以人口高质量发展支撑中国式现代化的重点任务”（习近平，2024）。与此同时，学术界将“积极应对人口老龄化”战略与“积极老龄化”理论相联系，推动了“积极应对人口老龄化”的学理化，有学者将积极应对人口老龄化的战略目标概括为实现积极老龄化（林宝，2021）。早在2002年，世界卫生组织在第二次老龄问题世界大会上正式提出“积极老龄化”（active aging），指为提高老年人生活质量而优化其获得健康、参与和保障机会的过程（World Health Organization，2002）。林宝（2021）认为，积极应对人口老龄化首先应实现个体和群体的积极老龄化，从健康、参与和保障三个基础方面建立完善的政策体系，以减少老年人因衰老带来的疾病，并确保其在生病时得到及时的治疗和照护，为老年人提供参与社会生活和社会发展的机会和条件，提供必要的经济保障和照护服务，以提高老年人生活质量，确保老年人分享社会发展成果。

① 2024年7月18日中国共产党第二十届中央委员会第三次全体会议通过的《中共中央关于进一步全面深化改革 推进中国式现代化的决定》指出，“在发展中保障和改善民生是中国式现代化的重大任务”，而“积极应对人口老龄化，完善发展养老事业和养老产业政策机制”是“健全保障和改善民生制度体系”的重要方面。

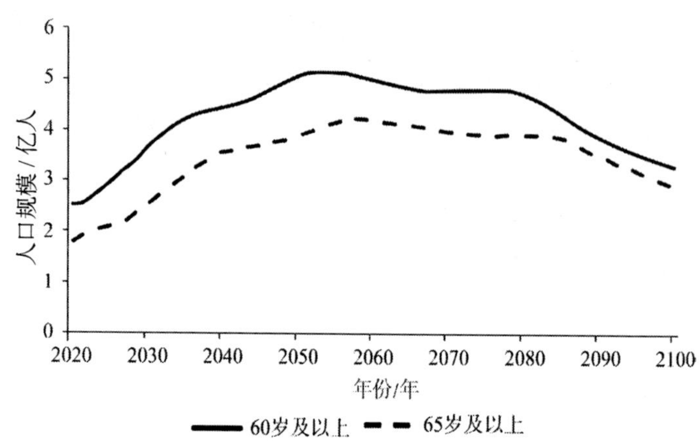

图 1-1　联合国预测的 2020—2100 年中国老年人口规模

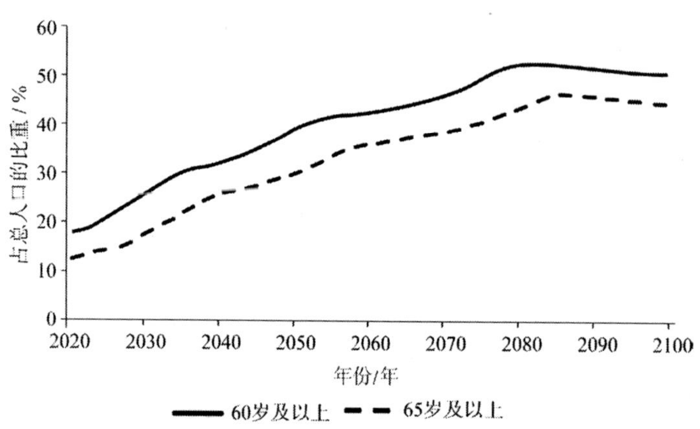

图 1-2　联合国预测的 2020—2100 年中国老年人口占比

二、研究主题：晚年认知功能与心理健康

关爱和保障老年人健康是积极应对人口老龄化的题中之义。尽管近年来党和政府着力提高老年人健康服务

和管理水平[①]，老年人自身的养生保健意识也明显增强，但多数老年人及其家属以及基层医疗卫生机构仍倾向于重点关注常见慢性病[②]和身体损伤等身体健康问题，而对以认知功能受损为代表的神经系统健康问题和以抑郁为代表的心理健康问题关注较少。造成这种现象的原因是多方面的。

第一，相较于认知功能和心理健康，身体健康问题的表现更为直观和具象。慢性病和身体损伤通常伴有明显的症状，如疼痛、虚弱和行动不便等，这些症状更容易被病患和医务人员识别。然而，认知功能和心理健康问题的症状有时不易被察觉，甚至被误认为是自然衰老的结果，因此难以引起足够的关注。例如，一些老年人的子女会认为，记忆力减退或情绪低落是衰老的正常表现，而不是需要特别诊断和治疗的病理现象。

第二，医疗卫生资源通常优先保障身体健康，以控制医疗卫生体系的运行成本，提高其运转效率。慢性病和急性身体损伤直接影响患者的生活质量和生命安全，其紧迫性使得医疗资源更倾向于处理这些问题。此外，针对身体健康问题的诊断和治疗有着相对成熟的标准和

---

① 根据 2021 年《中共中央国务院关于加强新时代老龄工作的意见》，“提高老年人健康服务和管理水平”针对老年人的多方面健康问题，强调要“加强老年人群重点慢性病的早期筛查、干预及分类指导，开展老年口腔健康、老年营养改善、阿尔茨海默症防治和心理关爱行动。”参见 https: //www.gov.cn/zhengce/2021-11/24/content_5653181.htm。

② 根据 2017 年国务院办公厅印发的《中国防治慢性病中长期规划（2017—2025 年）》，“慢性病”主要包括心脑血管疾病、恶性肿瘤、慢性呼吸系统疾病、糖尿病。参见 https://www.gov.cn/zhengce/content/2017-02/14/content_5167886.htm。

方案，因此更容易被推广和实施。相较而言，认知和心理健康问题往往是间接的致死因素，其发展是一个渐进的长期过程，且对某些方面的诊疗仍缺乏统一标准。认知和心理健康问题所具有的生命威胁小、病情进展慢、诊疗标准杂等特点使其在卫生资源分配上处于劣势地位。

第三，传统的社会文化体系对认知功能和心理健康问题的公开讨论具有一定排斥性。由于人们较早地认识到，认知功能和心理健康受遗传因素的影响很大，因此传统观念倾向于将这些健康问题视为个人或家庭隐私问题，而非公共卫生问题。同时，目前大众对抑郁症、阿尔茨海默症等病症的污名化依然存在，这导致一些患者及其家属可能为了避免社会歧视而拒绝或推迟诊疗，从而隐匿了晚年认知和心理健康问题的普遍性。以上社会文化因素使得认知和心理健康问题往往被边缘化，无法获得与身体健康问题同等的重视。

鉴于保障老年人健康是实现积极老龄化的重要方面，且中国学界对身体健康以外健康维度的重视程度略显不足，本书聚焦于研究影响中国老年人认知功能和心理健康的社会因素。认知功能（cognitive function）指人类的思考、感知和认知过程，它指导人们完成各种或易或难的任务，包括记忆、注意力、感知、决策等多个方面。认知功能对于维持个体独立性、管理日常生活以及确保生活质量都至关重要。随着年龄的增长，认知功能会出现衰退，但其衰退程度和速度可能因遗传、生活方式和环境等因素的差异而有所不同（Lezak, Howieson, Bigler, & Tranel, 2012）。心理健康或精神健康（mental health）是一种精神福祉（mental well-being）状态，良好的心理健康使人们能够妥善应对生活中的压力，发挥个人才能，保持积极的学习和工作状态。心理健康是健康和福祉的重要组成部分，在一定程度上塑造了人们的决策和社交能力。心理健康不仅仅是没有精神障碍，它存在于一个复杂的连续统上。面对心理健康问题，每个人的体验不同，痛苦各异，可能因此导致非常不同的社会和临床结果。抑郁、焦虑、孤独等是老年人常见的心理健康问题。①

三、研究视角：生命历程视角

本书将生命历程视角（life course perspective）作为基本研究视角。社会学家埃尔德（Elder, 1974）的代表作《大萧条的孩子们》是将生命历程视角应用于社会科学研究的典范，它探讨了大萧条对亲历儿童的长期影响。埃尔德从 20 世纪 30 年代到 60 年代追踪分析了 167 位出生于 20 世纪 20 年代的美国加州奥克兰小学生的成长经历，他发现经济困难对儿童的教育、职业生涯、家庭角色和心理韧性等产生了深远影响。埃尔德特别关注了大萧条对亲历儿童心理健康的影响，他发现大萧条期间的贫困和不稳定增加了儿童的压力和焦虑感，这些心理影响在他们成年后仍然存在。然而，这些经历也使他们学会了在逆境中保持心理韧性，展现出更强的自我调节能力和应对策略。这种韧性有助于他们在面对后续人生挑战时保持较好的心理健康。

① 该定义参见世界卫生组织官网，https://www.who.int/news-room/fact-sheets/detail/mental-health-strengthening-our-response。

如今，生命历程视角被社会学、人口学、心理学、流行病学等学科广泛应用于健康差异（health disparities）议题的研究。由于生命历程视角为确定研究的核心变量、数据形式和分析方法提供了基础思路，因此具备一定的方法论特征，亦被称为“生命历程方法”（life course approach）（Jones et al., 2019; Kuh, Ben-Shlomo, Lynch, Hallqvist, & Power, 2003; Pavalko & Willson, 2011）。生命历程视角认为，人们当下的健康状况受早前各类社会因素、环境因素、机体因素的影响，这些因素发生于生命的各个阶段——从胎儿期、童年期、青春期到成年期、老年期，对个体健康具有长期影响（Kuh et al., 2003）。

有学者将生命历程视角区分为发展性生命历程视角（developmental life course perspective）和结构性生命历程视角（structural life course perspective）（Jones et al., 2019）。发展性生命历程视角聚焦于特定生命阶段的经历或事件对健康造成的负面影响，形成这类健康冲击的根源往往在于压力—反应系统（stress-responsive system）出现适应困难的情况，或者说，个体对压力性生命事件（stressful life event）的适应通常要付出健康代价。例如，本书的第四章基于发展性生命历程视角探讨了子女童年时父母关系不睦和子女晚年抑郁症状之间的关系。父母关系不睦是父母和儿童的重要压力源（stressor），当父母对不融洽的婚姻关系难以适应时，他们对待子女的方式会趋于暴力化，加之子女对不融洽的家庭氛围也会有适应困难，最终父母关系不睦这一童年逆境（childhood adversity）对子女心理健康产生了长期负面影响。结构性生命历程视角着眼于社会位置、社会身份对健康状况的长期形塑过程，侧重于考察社会经济地位、种族、性别等因素与健康轨迹（health trajectory）之间的关系，即上述因素对健康的累积效应。其核心关切是，哪些不利的社会位置、社会身份因素会使低社会阶层的健康劣势随年龄增长而不断强化，即产生所谓的健康“风化”（weathering）效应。例如，本书的第三章基于结构性生命历程视角探讨了童年和成年社会经济地位与晚年认知功能轨迹之间的关系。受教育程度是成年社会经济地位的重要体现，相较于高学历者，低学历者的认知功能水平更差，在进入晚年以后认知功能衰退得也更快，这意味着低学历会带来认知功能的累积劣势（cumulative disadvantage）。

四、研究资料：CHARLS 数据和 CLHLS 数据

本书各章节的研究均采用定量研究方法，由于各研究基于生命历程视角，并聚焦于老年人的认知功能和心理健康，因此本书所分析的数据来自两项关注中国老年人健康问题的全国性追踪调查。

第一项调查是“中国健康与养老追踪调查”（China Health and Retirement Longitudinal Study, CHARLS）。它是一项由北京大学社会科学调查中心开展的追踪调查，旨在收集一套代表中国 45 岁及以上中老年人家庭和个人的高质量微观数据，用以分析中国的人口老龄化问题，推动老龄化问题的跨学科研究。全国基线调查于 2011—2012 年进行，随后在 2013 年、2015 年、2018 年和 2020 年进行了第二至第五轮调查。此外，2014 年还进行了生

命历程调查。为确保样本的代表性，CHARLS 基线调查覆盖了全国 150 个县级行政单位和 450 个村（居）委会，反映了中国中老年人口在经济、健康、社交等方面的总体情况。①

第二项调查是“中国老年健康影响因素跟踪调查”（Chinese Longitudinal Healthy Longevity Survey, CLHLS）。它是由北京大学健康老龄与发展研究中心和国家发展研究院组织的老年人追踪调查，调查范围覆盖全国 23 个省、自治区、直辖市，调查对象为 65 岁及以上老年人和 35—64 岁成年子女，调查问卷分为存活被访者问卷和死亡老人家属问卷两种。存活被访者问卷的调查内容包括老人及家庭基本状况、社会经济背景及家庭结构、经济来源和经济状况、健康和生活质量自评、认知功能、性格心理特征、日常活动能力、生活方式、生活照料、疾病治疗和医疗费承担；死亡老人家属问卷的调查内容包括老人死亡时间、死因等内容。该调查项目在 1998 年进行基线调查后分别于 2000 年、2002 年、2005 年、2008—2009 年、2011—2012 年、2014 年和 2017—2018 年进行了跟踪调查，最近一次跟踪调查（2017—2018 年）共访问 15 874 名 65 岁及以上老年人。CLHLS 累计入户访问 11.3 万人次，其中最需照料的 80 岁及以上高龄老人占总样本 67.4%，其余为较低龄老人和中年对照组。②

---

① 以上介绍来自 CHARLS 项目官网，参见 https://charls.pku.edu.cn/index.htm。

② 以上介绍来自 CLHLS 项目官网，参见 https://opendata.pku.edu.cn/dataset.xhtml?persistentId=doi: 10.18170/DVN/WBO7LK。

五、本书章节安排

除第一章“绪论”和第八章“结论与展望”外，本书的第二章至第七章均围绕老年人认知功能和心理健康这一主题开展定量实证研究。

第二章“中老年人认知功能和心理健康的变化趋势与双向关系”描述了中国45—59岁中年人和60岁及以上老年人的情景记忆能力和抑郁症状现状，以及中老年人情景记忆能力和抑郁症状随年龄、时期、出生队列变化的趋势，并分析了情景记忆力和抑郁症状之间的双向关系。

第三章“童年和成年社会经济地位与晚年认知功能轨迹”基于结构性生命历程视角，分析了童年和成年时期的社会经济地位因素与认知衰退轨迹之间的关系，以探索随着年龄的增长，不同生命阶段的地位差异会导致认知功能的逐渐发散还是收敛。

第四章至第七章基于发展性生命历程视角，探讨生命历程中的早前特定经历对晚年后续认知功能或心理健康的影响。第四章“童年时父母关系质量如何影响晚年心理健康”分析了子女童年时父母关系不睦和子女晚年抑郁症状之间的关系，并从夫妻关系对亲子互动的溢出效应、婚姻质量的代际传递等角度探索其机制。

第五章“‘数字鸿沟’与认知功能老化：晚年互联网使用与认知功能之间的双向关系研究”探讨了在数字技术逐渐走入老年人日常生活的时代背景下，老年人是否可以通过上网来延缓认知功能的衰退及其相关机制；同时，认知功能老化作为晚年必经的生命事件，它将通过哪些途径制约老年人的上网行为。

第六章“晚年身体功能和认知功能的双向关系研究”研究了身体功能老化和认知功能老化之间如何相互促进，这两种功能的老化都是晚年必经的生命事件。同时，检验了体育活动等因素是否在身体功能和认知功能之间的双向关系中发挥了中介作用。

第七章“丧偶对晚年心理健康和认知功能的影响”分析了丧偶这一生命事件对老年人心理健康和认知功能的平均效应，以及丧偶发生以后的数年间丧偶对老年人心理健康和认知功能的动态效应。同时，还探究了子女支持能否缓解丧偶对心理健康和认知功能的潜在负面影响。

参考文献

[1] 林宝. 2021,《积极应对人口老龄化：内涵、目标和任务》,《中国人口科学》第 3 期，42–55.

[2] 鲁晓明，洪嘉欣. 2024,《以银发经济高质量发展托起老年人高水平生活》,《人民政协报》2 月 22 日，第 4 版.

[3] 杨舸. 2020,《“中度老龄化”社会，我们准备好了吗》,《光明日报》10 月 29 日，第 2 版.

[4] 杨涵墨. 2022,《中国人口老龄化新趋势及老年人口新特征》,《人口研究》第 5 期，104–116.

[5] 习近平. 2024,《以人口高质量发展支撑中国式现代化》,《求是》第 22 期，4–8.

[6] 新华社. 2024,《积极应对人口老龄化，我国深化新时代养老服务改革发展》，11 月 8 日，https://www.gov.cn/zhengce/202411/content_6985715.htm.

[7] 中央财办理论学习中心组，2023,《以人口高质量发展支撑中国式现代化》,《人民日报》6 月 8 日，第 9 版.

[8] Elder, Glen H. (1974). *Children of the Great Depression: Social Change in Life Experience*. Chicago: University of Chicago Press.

[9] Jones, Nancy L., Gilman, Stephen E., Cheng, Tina L., Drury, Stacy S., Hill, Carl V., & Geronimus, Arline T. (2019). Life Course Approaches to the Causes of Health

Disparities. *American Journal of Public Health*, 109(S1), S48−S55.

[10] Kuh, D, Ben-Shlomo, Y, Lynch, J, Hallqvist, J, & Power, C. (2003). Life Course Epidemiology. *Journal of Epidemiology and Community Health*, 57(10), 778−783.

[11] Lezak, Muriel Deutsch, Howieson, Diane B., Bigler, Erin D., & Tranel, Daniel. (2012). *Neuropsychological Assessment* (*5th Edition*). New York: Oxford University Press.

[12] United Nations. (2024). World Population Prospects (2024 Revision). Retrieved from https://population.un.org/wpp/.

[13] World Health Organization. (2002). *Active Ageing*: *A Policy Framework*. Retrieved from https://extranet.who.int/agefriendlyworld/active-ageing-a-policy-framework/.

[14] Pavalko, Eliza K., & Willson, Andrea E. (2011). Life Course Approaches to Health, Illness and Healing. In Bernice A. Pescosolido, Jack K. Martin, Jane D. McLeod, & Anne Rogers (Eds.), *Handbook of the Sociology of Health, Illness, and Healing*: *A Blueprint for the* 21*st Century* (pp. 449−464). New York: Springer New York.

第二章 中老年人认知功能和心理健康的变化趋势与双向关系

一、引言

中国正处于人口老龄化的快速发展阶段，老年人口的持续增长加大了社会赡养压力和医疗财政负担，老年人的健康问题日益引起社会和学界的广泛关注。除身体健康外，认知功能和心理健康也是影响中老年人生活质量和社会参与的重要因素。认知功能减退不仅会限制个人的日常生活能力和自理能力，还可能进一步发展为严重的痴呆症状，并诱发身体失能（McGuire, Ford, & Ajani, 2006）。抑郁症状加剧是心理健康恶化的重要表现，它还能通过减少锻炼频率和制造社交孤立等途径降低中老年人的日常活动能力，即引发身体健康的恶化（Ohrnberger, Fichera, & Sutton, 2017）。此外，晚年严重的认知功能受损或抑郁症状都指向更高的死亡风险（Batty, Deary, & Zaninotto, 2016; Zefeng Zhang, Jackson, Gillespie, Merritt, & Yang, 2023），由此可见，预防老年人陷入认知功能和心理健康危机具有重要的现实意义。

目前，学界对中国中老年人认知功能和心理健康的历时性差异的认识相当有限，较少有研究从年龄、时期和出生队列等三个时间维度探讨中老年人认知功能和心理健康的变化趋势。这种局限不利于对未来老年人的认知功能和心理健康状况进行合理预测。健康在三个时间维度上的变化具有不同意涵：健康随年龄的变化刻画了人体衰老过程，具有较强的生物学意涵；健康的时期差异通常体现了社会经济发展、医疗卫生制度变革或特定事件对同一时期所有人的健康效应；健康的出生队列差异则反映了出生年份相近人群的集体经历的健康效应。健康的时期差异和出生队列差异具有较强的社会性意涵。一些学者指出，从生命历程视角研究健康差异应当重视健康的出生队列效应，因为它在一定程度上体现了一批人早前的集体经历对其当下健康状况的影响（Kuh, Ben-Shlomo, Lynch, Hallqvist, & Power, 2003; Pavalko & Willson, 2011）。此外，以往研究对中国中老年人认知功能和心理健康之间的双向因果关系也鲜有探讨，而厘清该问题有助于更深入地理解认知功能受损和抑郁症状加剧的触发因素，从而发展出抑制认知功能和心理健康恶化的有效途径。

本章利用北京大学收集的 2011—2020 年中国健康与养老追踪调查数据，重点分析 45—59 岁中年人和 60 岁及以上老年人的认知功能（情景记忆能力）和心理健康（抑郁症状）的变迁。具体而言，本章将首先描述 2011 年、2013 年、2015 年、2018 年和 2020 年中国中老年人情景记忆能力和抑郁症状两项健康水平得分的均值概况；接着，从年龄、时期、出生队列三个时间维度探究

中老年人情景记忆能力和抑郁症状的变化趋势；最后，深入分析中老年人认知功能和抑郁症状之间的双向关系。本章的研究结论有利于揭示中老年人复杂、多样的健康变化规律，同时有助于开发具有针对性的健康干预措施。

二、2011—2020 年中老年人的情景记忆能力和抑郁症状概况

情景记忆（episodic memory）是认知功能的重要维度之一，它对于维持推理能力和日常生活能力具有基础性作用。神经心理学家通常采用词语回忆测试来衡量情景记忆能力（Gavett & Horwitz, 2012; Lachman, Agrigoroaei, Murphy, & Tun, 2010）。CHARLS 在 2011—2020 年 的历次调查中都对受访者进行了词语回忆测试，且各期之间的测试结果具有可比性。在 CHARLS 的认知功能数据采集过程中，访员首先向受访者说出“奶油”“胳膊”等 10 个名词，并在将这些词语全部说出后让受访者立即回忆，以测试受访者的即时回忆（immediate recall）能力；在即时回忆测试结束后的 4 分钟，访员再次要求受访者回忆之前的 10 个名词，以测试其延迟回忆（delayed recall）能力。参考以往文献（Zhenmei Zhang, Xu, Li, Liu, & Choi, 2020），在计算即时回忆能力和延迟回忆能力的得分时，受访者每正确回忆 1 个名词就计 1 分，并以即时回忆能力和延迟回忆能力得分的均值作为情景记忆能力得分，取值范围为 0—10 分。

抑郁症状（depressive symptoms）由包含 10 个题目的 CES−D（Center for Epidemiologic Studies-Depression）量表测量。CES−D 10 量表是 CES−D 20 量表的简化版，具

有较强的信度和效度（Björgvinsson, Kertz, Bigda-Peyton, McCoy, & Aderka, 2013）。CES-D 10 量表询问受访者上周的感觉及行为，包括“我因一些小事而烦恼”“我在做事时很难集中精力”等，受访者的回答包括“很少或者根本没有（<1 天）”“不太多（1—2 天）”“有时或者说有一半的时间（3—4 天）”和“大多数时候（5—7 天）”，依次计 0—3 分。在翻转反向题答案的基础上，以 10 个题目得分的总和作为抑郁症状得分，取值范围为 0—30 分。

图 2-1 展示了 2011—2020 年中老年人情景记忆能力得分的均值。中年人的年龄为 45—59 岁，老年人的年龄为 60 岁及以上。笔者在做此类描述性统计时对样本进行了加权处理，采用 CHARLS 提供的调整无应答情况的截面数据个案权重。通过横向对比同一年份的中老年人平均情景记忆能力发现，在各年度，中年人的情景记忆能力都优于老年人。这一方面是由于衰老势必带来各类认知功能的减退，另一方面可能源于晚近出生队列相较于早期出生队列的情景记忆能力优势。通过纵向对比不同年份中老年人各自的平均情景记忆能力可知，中年人的情景记忆能力在 2011—2015 年有一定波动，2015—2020 年呈上升趋势；老年人的情景记忆能力在 2011—2015 年呈下降趋势，2015—2020 年呈上升趋势。需要注意的是，上述时期差异并不单纯反映情景记忆能力的时期效应，因为各年度受访者的年龄结构和出生队列结构都有所不同，而年龄和出生队列又都有可能影响情景记忆能力。

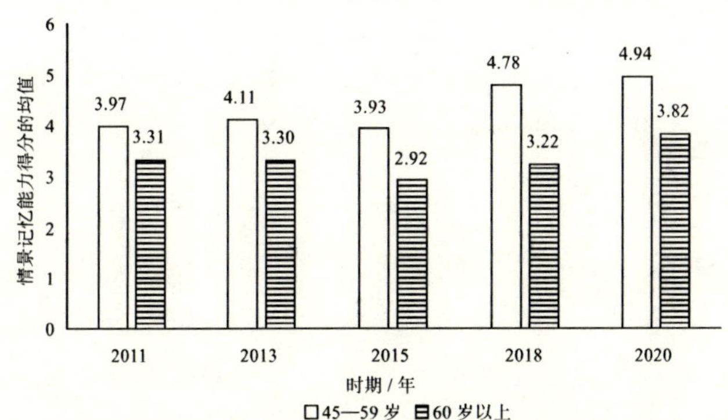

图 2-1　2011—2020 年中老年人的情景记忆能力

资料来源：笔者根据 2011—2020 年 CHARLS 数据计算得出，样本经过加权处理。

图 2-2 汇报了 2011—2020 年中老年人抑郁症状（CES-D 10）得分的均值。从中发现，老年人的抑郁症状在各年度都高于中年人；中年人的抑郁症状在 2011—2020 年处于波动状态；老年人的抑郁症状在 2011—2013 年呈下降趋势，而在 2013—2020 年呈上升趋势。

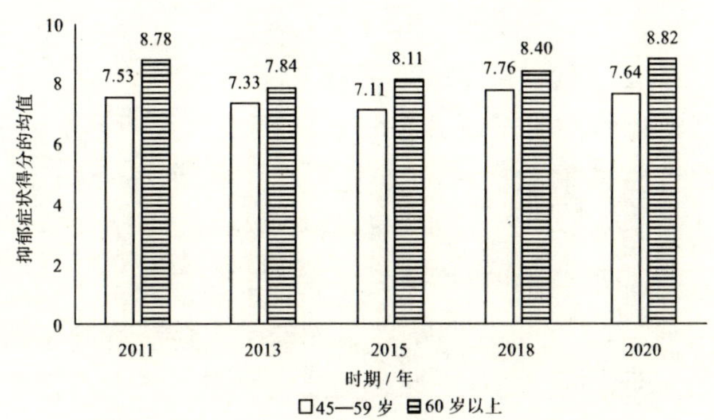

图 2-2　2011—2020 年中老年人的抑郁症状

资料来源：笔者根据 2011—2020 年 CHARLS 数据计算得出，样本经过加权处理。

三、中老年人情景记忆能力和抑郁症状的年龄—时期—队列分析

如前文所述，情景记忆能力和抑郁症状在年龄、时期、出生队列三个时间维度上都有可能存在差异，但如图 2-1 和图 2-2 的描述性统计无法区分这三个时间维度。同时，常规的多元回归分析方法——如普通最小二乘法（ordinary least squares, OLS）多元回归模型——也无法分离出这三个时间维度。因为时期恰好等于出生队列与年龄之和，即调查年份等于出生年份与年龄之和，如果将年龄、时期和出生队列同时作为自变量纳入 OLS 回归模型，就会出现完全多重共线性问题，三个时间维度变量中必然有一个变量的回归系数无法被估计。

为解决年龄—时期—队列效应的估计问题，笔者采用分层年龄—时期—队列模型之交叉分类随机效应模型（hierarchical age-period-cohort—cross-classified random effects model, HAPC—CCREM）分离出上述三个时间维度的效应（Yang & Land, 2013）。由于 CHARLS 在进行追踪调查的同时，还会在每次调查中引入新的受访者，因此可将各期数据视为重复截面数据（repeated cross-sectional data）。在不同年份接受调查的受访者同时嵌套于“时期”和“出生队列”两个分类单位之下，并将“时期”和“出生队列”界定为处于个体层次之上的高层次分类单位。如此一来，可将整体数据区分为两个层次：第一层是个体层次，用于估计年龄效应；第二层同时包括“时期”和“出生队列”两个彼此独立又相互交

叉的分类单位。事实上，由于一些个体参与了多期调查，笔者也曾在模型中加入了一个区分个体的层次，不过所得结果与不加入该层次时十分相似，因此为简便起见，最终的分析没有在模型中加入区分个体的层次。对于出生于第 j 个出生队列、在第 k 个时期接受调查的第 i 个个体，HAPC—CCREM 的公式如下：

第 1 层模型：

$$y_{ijk} = \beta_{0jk} + \beta_1 Age_{ijk} + \beta_1 Age_{ijk}^2 + BZ_{ijk} + e_{ijk} \quad (2-1)$$

式中，y_{ijk} 表示情景记忆能力或抑郁症状的得分，Age_{ijk} 表示年龄（β_1 为其回归系数，β_2 为年龄平方项的回归系数），Z_{ijk} 表示控制变量矩阵（B 为其回归系数向量），控制变量包括性别和区分城乡的省份固定效应，e_{ijk} 表示个体随机效应（个体误差项），$e_{ijk} \sim N(0,\ \sigma^2)$。

第 2 层模型：

$$\beta_{0jk} = \gamma_0 + u_{0j} + v_{0k} \quad (2-2)$$

式中，γ_0 表示截距，u_{0j} 表示出生队列随机效应，$u_{0j} \sim N(0,\ \tau_u)$，$v_{0k}$ 表示时期随机效应，$v_{0k} \sim N(0,\ \tau_k)$。

在以情景记忆能力为因变量的 HAPC—CCREM 模型中，年龄效应和出生队列效应显著异于 0，而时期效应不具有统计学意义。图 2−3、图 2−4 和图 2−5 分别展示了不同年龄下的情景记忆能力预测得分，以及情景记忆能力的出生队列随机效应和时期随机效应，这两个随机效应是各出生队列或时期内的预测得分相较于整体预测得分的差值。图 2−3 显示，自 45 岁以来，中老年人的情景记忆能力呈加速下降趋势，80 岁时的情景记忆能力预测得分不足 45 岁时的一半。图 2−4 显示，从早期到晚近出生队列的情景记忆能力呈现出先下降后上升的趋势。

以往研究分析我国老年人综合认知功能的出生队列差异时发现，对于出生于1902—1950年的老年人，其综合认知功能从早期到晚近出生队列呈下降趋势（许琪、王金水、吴愈晓，2022）。这与本章的发现基本一致：如图2-4所示，对于出生于1930—1959年的人口，中、老年时期的情景记忆能力在晚近出生队列中更低。造成这种趋势的原因可能有两点：第一，20世纪40年代末至50年代出生人口的童年和青年时期主要处于社会主义建设的最初探索阶段，彼时国民教育体系尚不健全，制约了当时青少年的认知能力开发，因此这批人在中老年时期的认知功能也相对较低。第二，出生于20世纪30年代至40年代末以前的受访者在2011年基线调查时已步入晚年，他们较高的情景记忆能力可能在一定程度上是死亡选择（mortality selection）的结果，即那些认知能力较差或者认知能力影响因素（如遗传因素）较差的个体很可能在步入晚年之前就已经死亡，因此存活老年人的认知功能普遍偏高。1960—1974年出生人口的情景记忆能力呈上升趋势，这可能与他们早年受教育环境的改善有关。图2-5显示，中老年人的情景记忆能力在2011—2015年处于波动状态，2015—2020年呈上升趋势，这可能与近年来医疗卫生保障体系的完善以及中老年人对自身健康的重视程度持续增加有关。

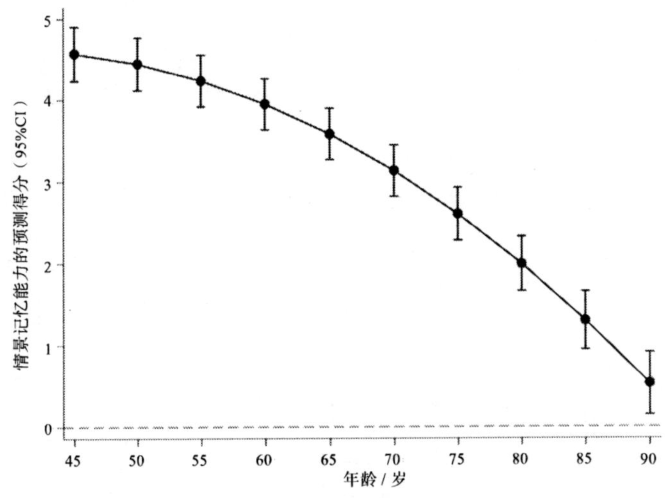

图 2-3　不同年龄下的情景记忆能力预测得分

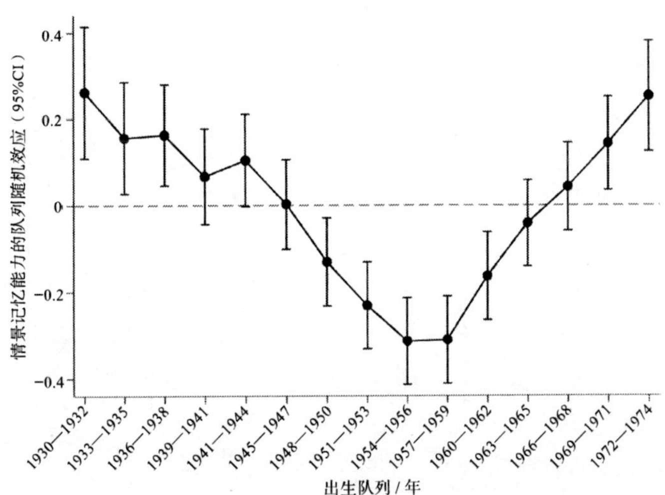

图 2-4　情景记忆能力的出生队列随机效应

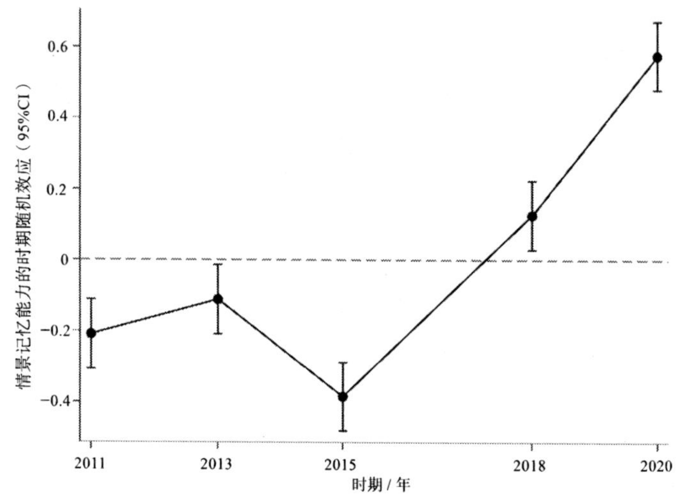

图 2-5　情景记忆能力的时期随机效应

在以抑郁症状为因变量的 HAPC—CCREM 模型中，年龄效应显著异于 0，而出生队列效应和时期效应不具有统计学意义。图 2-6 显示，中老年人的抑郁症状随年龄增加先上升后下降，抑郁症状最严重的年龄大约为 75 岁。图 2-7 显示，尽管不同出生队列的中老年人的抑郁症状有一定差异，但都没有显著偏离平均水平。这在一定程度上说明，早年集体经历对中老年时期抑郁症状的影响有限。图 2-8 显示，中老年人的抑郁症状在 2011—2013 年呈下降趋势，而在 2013—2020 年呈上升趋势，其中 2020 年的抑郁症状尤其严重，这可能与新冠疫情对心理健康的负面影响有关。

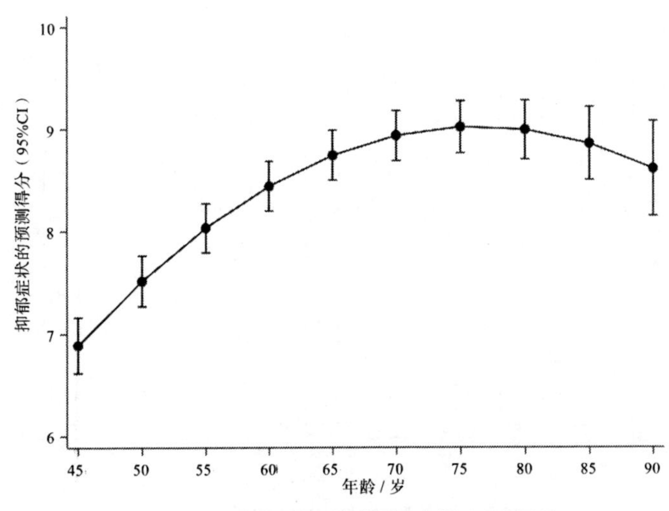

图 2-6　不同年龄下的抑郁症状预测得分

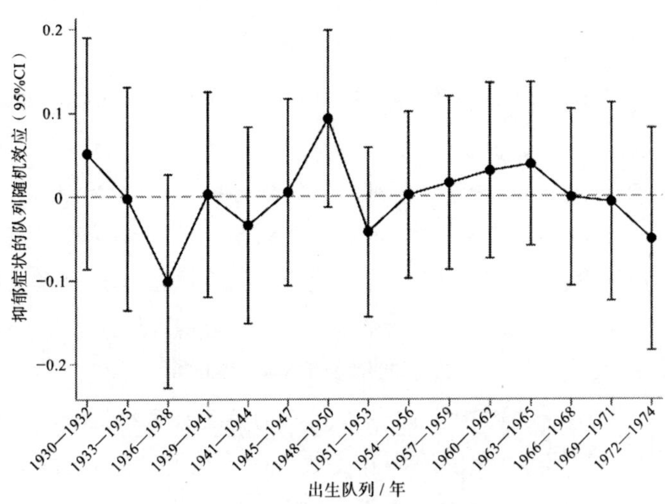

图 2-7　抑郁症状的出生队列随机效应

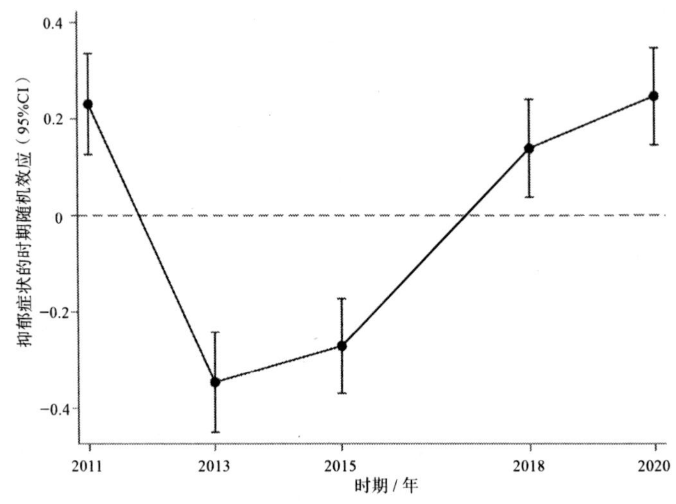

图 2−8　抑郁症状的时期随机效应

四、中老年人情景记忆能力与抑郁症状的双向关系

已有大量研究发现，抑郁可能导致老年人认知功能受损。一项基于 23 项前瞻性队列研究的元分析指出，晚年抑郁使老年人患全因痴呆症（all-cause dementia）的风险提高 80%，患血管性痴呆症的风险提高 1.64 倍，患阿尔茨海默症的风险提高 54%（Diniz, Butters, Albert, Dew, & Reynolds, 2013）。一些研究探索了抑郁症状促进认知功能减退的机制。例如，抑郁会增加皮质醇的分泌，导致海马体缩小，从而损害记忆力和学习能力（Bremner et al., 2000）；抑郁也能使前额叶皮层变薄，从而危害认知功能（Pizzagalli & Roberts, 2022）；抑郁症状加剧会减少老年人的身体活动，增加其体内炎症，进而加速认知功能减退（Gallagher, Kiss, Lanctot, & Herrmann, 2016）。也有研

究认为，抑郁只是认知功能受损的前驱症状（prodrome），而非风险因素（Panza et al., 2010）。此外，有学者认为，晚年抑郁可能是认知功能受损的结果，抑郁是大脑对认知功能减退的调适反应（Huang, Wang, Li, Xie, & Liu, 2011）。还有观点认为，抑郁症状和认知功能并非相互影响的关系，而是心脑血管疾病会同时导致抑郁症状加剧和认知功能减退，因而能够观测到抑郁症状和认知功能之间的相关性（Pellegrino, Peters, Lyketsos, & Marano, 2013）。

由于数据和方法的局限性，学界对于中国中老年人认知功能和抑郁症状之间双向关系的认识并不深入。本小节将利用 CHARLS 追踪数据，考察这一潜在的双向因果关系是否成立，并分析具体哪个方向的关系在这一双向关系中居于主流。

在实证方法上，笔者首先采用个体固定效应模型，分析同一时期的情景记忆能力和抑郁症状之间的双向关系。在个体固定效应模型下，不随时间变化的个体因素（如性格特征、早年经历等）都被控制住，因而弱化了遗漏变量偏误。之后，笔者参考既有研究（Ohrnberger et al., 2017），以滞后一期的抑郁症状预测当期的情景记忆能力，或者以滞后一期的情景记忆能力预测当期的抑郁症状，并控制滞后一期的因变量；由于一些受访者会多次作为分析对象，因此考虑了个体内部的相关性，采用个体随机效应模型。

对于第 t 期数据的第 i 个个体，固定效应模型的公式如下：

$$y_{it} = \beta_0 + \beta_1 x_{it} + BZ_{it} + \eta_i + \omega_t + \varepsilon_{it} \qquad (2\text{-}3)$$

式中，y_{it} 表示情景记忆能力或抑郁症状，β_0 表示截距，x_{it}

表示核心自变量（当 y_{it} 表示情景记忆能力时，x_{it} 表示抑郁症状；当 y_{it} 表示抑郁症状时，x_{it} 表示情景记忆能力），Z_{it} 表示随时间变化的控制变量矩阵（B 表示其对应的回归系数向量），η_i 表示个体固定效应，ω_t 表示时期固定效应，ε_{it} 表示误差项。进入以上固定效应模型的个体需要至少经历过两期调查。

对于因变量来自第 t 期数据的第 i 个个体，随机效应模型的公式如下：

$$y_{it} = \beta_0 + \beta_1 y_{i(t-1)} + \beta_2 x_{i(t-1)} + BZ_{it} + \Gamma W_i + \omega_t + \alpha_i + \varepsilon_{it} \quad (2-4)$$

式中，y_{it}、β_0、B、Z_{it}、ω_t 和 ε_{it} 的含义与公式（2-3）一致。$y_{i(t-1)}$ 表示滞后一期的因变量，$x_{i(t-1)}$ 表示滞后一期的核心自变量，W_i 表示不随时间变化的控制变量（如性别、受教育程度、居住省份）矩阵（Γ 表示其对应的回归系数向量），α_i 表示个体随机效应，随机效应模型假定 $\alpha_i \sim N(0, \sigma^2)$ 且 α_i 与各自变量都不相关。

表 2-1 汇报了评估中老年人抑郁症状与情景记忆能力之间双向关系的固定效应模型结果。可以看出，在控制了人口学特征、社会经济地位特征、健康特征等因素以及个体固定效应、时期固定效应的基础上，抑郁症状与情景记忆能力之间的双向关系依然成立。具体而言，抑郁症状每提高 1 个单位，情景记忆能力就显著下降 0.024 个单位；情景记忆能力每提高 1 个单位，抑郁症状就显著下降 0.250 个单位。若结合两个变量的标准差，二者的双向关系可以表述为，抑郁症状每提高 1 个标准差，情景记忆能力就显著下降 0.079 个标准差；情景记忆能力每提高 1 个标准差，抑郁症状就显著下降 0.075 个标准差。从这个角度看，抑郁症状对情景记忆能力的效应略

强于情景记忆能力对抑郁症状的效应。

此外，模型控制了 CHARLS 采集的受访者慢性病信息，该信息是由受访者报告的医院诊断结果，具有一定的可靠性。结果发现，即使控制了高血压、心脏病、中风等心脑血管疾病，抑郁症状和情景记忆能力之间的双向关系依然成立，因此不能简单地将抑郁症状与情景记忆能力之间的相关性归结于心脑血管疾病。

表 2-1　中老年人抑郁症状与情景记忆能力之间双向关系的固定效应模型

变量	因变量：情景记忆能力	因变量：抑郁症状
抑郁症状	−0.024*** （0.001）	—
情景记忆能力	—	−0.250*** （0.015）
年龄	0.355*** （0.023）	0.158* （0.075）
年龄平方	−0.003*** （0.000）	−0.002*** （0.000）
居住于城镇	−0.047 （0.028）	−0.201* （0.097）
有工作	0.051** （0.019）	−0.212*** （0.061）
人均家庭收入五分位（参照组：第 1 分位）		
第 2 分位	0.053* （0.022）	−0.074 （0.073）
第 3 分位	0.034 （0.023）	0.039 （0.076）
第 4 分位	0.046* （0.023）	−0.067 （0.076）

续表

变量	因变量： 情景记忆能力	因变量：抑郁症状
第 5 分位	0.045 （0.025）	0.080 （0.083）
信息缺失	−0.021 （0.023）	−0.017 （0.077）
有配偶	0.051 （0.027）	−0.562*** （0.094）
与子女同住	−0.007 （0.011）	0.057 （0.037）
现在抽烟	−0.017 （0.025）	−0.097 （0.080）
去年至少每月饮一次酒	0.084*** （0.020）	−0.014 （0.065）
日常生活活动能力（ADL）困难程度	−0.010 （0.009）	0.986*** （0.036）
高血压	−0.024 （0.020）	0.053 （0.068）
心脏病	0.003 （0.025）	0.283*** （0.085）
中风	−0.034 （0.043）	0.454** （0.155）
个体固定效应	控制	控制
时期固定效应	控制	控制
截距	−6.559*** （1.111）	6.646 （3.488）
人数	19 126	19 126
人—年数	67 453	67 453
调整 R^2	0.506	0.533

注：（1）括号内是以个体为组的聚类稳健标准误；（2）*p ＜ 0.05，**p ＜ 0.01，***p ＜ 0.001（双侧检验）。下同。

虽然固定效应模型能在一定程度上弱化遗漏变量偏误，但无法有效解决联立性偏误，即反向因果问题。为此，表 2-2 利用 CHARLS 的追踪数据特性，以滞后一期的核心自变量预测当期的因变量，从而形成“前因后果”的逻辑链条，有助于削弱反向因果问题。表 2-2 是基于随机效应模型的结果，分析样本中的个体可能被观测一次或多次，因此和表 2-1 的样本量有一定差别。表 2-2 结果显示，在控制了滞后因变量和一系列控制变量的基础上，滞后一期的抑郁症状每提高 1 个单位，则当期情景记忆能力显著下降 0.013 个单位；滞后一期的情景记忆能力每提高 1 个单位，则当期抑郁症状显著下降 0.123 个单位。若结合变量的标准差，可表述为，滞后一期的抑郁症状每提高 1 个标准差，则当期情景记忆能力显著下降 0.042 个标准差；滞后一期的情景记忆能力每提高 1 个标准差，则当期抑郁症状显著下降 0.036 个标准差。由此说明，滞后期抑郁症状对当期情景记忆能力的预测力略强于滞后期情景记忆能力对当期抑郁症状的预测力。上述结论和表 2-1 基本一致。因此可以认为，我国中老年人的抑郁症状和情景记忆能力之间存在双向关系，即抑郁症状加剧可能会损害情景记忆能力，情景记忆能力下降也可能会加剧抑郁症状。同时，在这一双向关系中，抑郁症状对情景记忆能力的影响居于主流。

表 2-2　中老年人抑郁症状与情景记忆能力之间双向关系的随机效应模型

变量	因变量：情景记忆能力	因变量：抑郁症状
抑郁症状（第 t-1 期）	-0.013*** （0.001）	0.324*** （0.005）

续表

变量	因变量：情景记忆能力	因变量：抑郁症状
情景记忆能力（第 t−1 期）	0.257*** （0.005）	−0.123*** （0.015）
年龄	−0.017 （0.010）	0.179*** （0.033）
年龄平方	−0.00* （0.000）	−0.002*** （0.000）
男性	−0.128*** （0.020）	−1.037*** （0.065）
居住于城镇	0.213*** （0.017）	−0.642*** （0.057）
有工作	0.053** （0.017）	−0.082 （0.060）
受教育程度（参照组：文盲 / 半文盲）		
小学	0.669*** （0.021）	−0.398*** （0.070）
初中	0.898*** （0.023）	−0.771*** （0.075）
高中及以上	1.203*** （0.028）	−1.162*** （0.089）
人均家庭收入五分位（参照组：第 1 分位）		
第 2 分位	0.102*** （0.025）	−0.154 （0.082）
第 3 分位	0.092*** （0.025）	−0.137 （0.086）
第 4 分位	0.147*** （0.025）	−0.301*** （0.083）
第 5 分位	0.164*** （0.027）	−0.207* （0.090）
信息缺失	−0.001 （0.025）	−0.206* （0.086）

续表

变量	因变量：情景记忆能力	因变量：抑郁症状
有配偶	0.105*** （0.021）	−0.696*** （0.075）
与子女同住	−0.007 （0.012）	0.008 （0.038）
现在抽烟	−0.052** （0.019）	0.115 （0.063）
去年至少每月饮一次酒	0.089*** （0.017）	−0.249*** （0.057）
ADL 困难程度	−0.058*** （0.008）	1.408*** （0.034）
高血压	−0.060*** （0.017）	0.186** （0.059）
心脏病	0.085*** （0.021）	0.778*** （0.076）
中风	−0.158*** （0.038）	0.627*** （0.141）
省份固定效应	控制	控制
时期固定效应	控制	控制
截距	3.597*** （0.308）	2.620* （1.049）
人数	19617	19419
人—年数	49469	48610
总体 R^2	0.376	0.355

五、本章小结

本章基于2011—2020年CHARLS数据，分析中国中老年人的情景记忆能力和抑郁症状在年龄、时期、出生队列三个时间维度上的变化趋势，以及情景记忆能力和抑郁症状之间的双向关系。本章结论概括了我国中老年人认知功能和心理健康的基本现状和变迁规律，厘清了认知功能和心理健康之间的关联，从而提供了贯穿全书的背景知识。本章的研究发现主要包括以下三个方面。

第一，中老年人的情景记忆能力呈现出显著的年龄差异和出生队列差异。自 45 岁开始，中老年人的情景记忆能力呈加速下降趋势；出生于 20 世纪 30 年代至 50 年代中老年人的情景记忆能力呈下降趋势，出生于 20 世纪 60 年代至 70 年代中老年人的情景记忆能力呈上升趋势。未来人口寿命的延长会使高龄老年人规模持续增加，同时晚近出生队列人群也陆续步入老年。前者可能降低老年人认知功能的平均水平，而后者可能提高老年人认知功能的平均水平。

第二，中老年人的抑郁症状呈现出显著的年龄差异。自 45 岁开始，中老年人的抑郁水平呈上升趋势，在年龄达到 75 岁以后，抑郁水平呈下降趋势。这一结果表明，由中年向老年的过渡阶段是抑郁症状的加剧时期，提示需要在此阶段进行更多的心理健康干预。

第三，中老年人的抑郁症状和情景记忆能力之间可能存在双向因果关系。无论是通过个体固定效应模型削弱遗漏变量偏误，还是利用追踪数据特性弱化反向因果问题，都可以得出抑郁症状和情景记忆能力之间可能相互影响的结论，即抑郁症状加剧会导致情景记忆能力下降，而情景记忆能力下降又会加剧抑郁症状。同时，抑郁症状对情景记忆能力的效应强于情景记忆能力对抑郁症状的效应。

上述结论具有一定政策启示。第一，由于不同出生

队列的中老年人在情景记忆能力上存在显著差异，政策制定者应充分考虑到世代差异，设计有针对性的认知健康干预措施。例如，支持对学历较低的早期出生队列实施更频繁的认知训练，以延缓其认知功能的衰退。第二，中年向老年的过渡阶段是抑郁水平的上升期，建议在此阶段加强心理健康支持服务，包括在社区提供心理咨询、开展社交活动、推广健康生活方式等，以预防和缓解抑郁症状。第三，鉴于情景记忆能力与抑郁症状之间的双向关系，政策制定者应考虑综合干预策略，同时针对认知功能和心理健康进行干预。例如，将认知训练和心理康复结合起来，从而在改善认知功能的同时缓解抑郁症状，形成良性循环。

参考文献

[1] 许琪，王金水，吴愈晓. 2022,《理论驱动还是方法驱动？——年龄—时期—世代分析的最新进展》,《社会学研究》第6期，36-58.

[2] Batty, G. David, Deary, Ian J., & Zaninotto, Paola. (2016). Association of Cognitive Function with Cause-Specific Mortality in Middle and Older Age: Follow-up of Participants in the English Longitudinal Study of Ageing. *American Journal of Epidemiology*, 183(3), 183-190.

[3] Björgvinsson, Thröstur, Kertz, Sarah J, Bigda-Peyton, Joe S, McCoy, Katrina L, & Aderka, Idan M. (2013). Psychometric Properties of the CES-D-10 in a Psychiatric Sample. *Assessment*, 20(4), 429-436.

[4] Bremner, J. Douglas, Narayan, Meena, Anderson, Eric R., Staib, Lawrence H., Miller, Helen L., & Charney, Dennis S. (2000). Hippocampal Volume Reduction in Major Depression. *American Journal of Psychiatry*, 157(1), 115-118.

[5] Diniz, Breno S., Butters, Meryl A., Albert, Steven M., Dew, Mary Amanda, & Reynolds, Charles F. (2013). Late-Life Depression and Risk of Vascular Dementia and Alzheimer's Disease: Systematic Review and Meta-Analysis of Community-Based Cohort Studies. *British*

Journal of Psychiatry, 202(5), 329−335.

[6] Gallagher, Damien, Kiss, Alex, Lanctot, Krista, & Herrmann, Nathan. (2016). Depressive Symptoms and Cognitive Decline: A Longitudinal Analysis of Potentially Modifiable Risk Factors in Community Dwelling Older Adults. *Journal of Affective Disorders*, 190, 235−240.

[7] Gavett, Brandon E., & Horwitz, Julie E. (2012). Immediate List Recall as a Measure of Short-Term Episodic Memory: Insights from the Serial Position Effect and Item Response Theory. *Archives of Clinical Neuropsychology*, 27(2), 125−135.

[8] Huang, Chang-Quan, Wang, Zheng-Rong, Li, Yong-Hong, Xie, Yi-Zhou, & Liu, Qing-Xiu. (2011). Cognitive Function and Risk for Depression in Old Age: A Meta-Analysis of Published Literature. *International Psychogeriatrics*, 23(4), 516−525.

[9] Kuh, D., Ben-Shlomo, Y., Lynch, J., Hallqvist, J., & Power, C. (2003). Life Course Epidemiology. *Journal of Epidemiology and Community Health*, 57(10), 778−783.

[10] Lachman, Margie E., Agrigoroaei, Stefan, Murphy, Chandra, & Tun, Patricia A. (2010). Frequent Cognitive Activity Compensates for Education Differences in Episodic Memory. *The American Journal of Geriatric Psychiatry*, 18(1), 4−10.

[11] McGuire, Lisa C., Ford, Earl S., & Ajani, Umed A. (2006). Cognitive Functioning as a Predictor of Functional Disability in Later Life. *The American Journal of Geriatric*

Psychiatry, 14(1), 36−42.

[12] Ohrnberger, Julius, Fichera, Eleonora, & Sutton, Matt. (2017). The Relationship Between Physical and Mental Health: A Mediation Analysis. *Social Science & Medicine*, 195, 42−49.

[13] Panza, Francesco, Frisardi, Vincenza, Capurso, Cristiano, D'Introno, Alessia, Colacicco, Anna M., Imbimbo, Bruno P.,...Solfrizzi, Vincenzo. (2010). Late-Life Depression, Mild Cognitive Impairment, and Dementia: Possible Continuum? *The American Journal of Geriatric Psychiatry*, 18(2), 98−116.

[14] Pavalko, Eliza K., & Willson, Andrea E. (2011). Life Course Approaches to Health, Illness and Healing. In Bernice A. Pescosolido, Jack K. Martin, Jane D. McLeod, & Anne Rogers (Eds.), *Handbook of the Sociology of Health, Illness, and Healing: A Blueprint for the 21st Century* (pp. 449−464). New York, NY: Springer New York.

[15] Pellegrino, Laurel D., Peters, Matthew E., Lyketsos, Constantine G., & Marano, Christopher M. (2013). Depression in Cognitive Impairment. *Current Psychiatry Reports*, 15(9), 384.

[16] Pizzagalli, Diego A., & Roberts, Angela C. (2022). Prefrontal Cortex and Depression. *Neuropsychopharmacology*, 47(1), 225−246.

[17] Yang, Yang, & Land, Kenneth C. (2013). *Age-Period-Cohort Analysis: New Models, Methods, and Empirical Applications*. Boca Raton: CRC Press, Taylor & Francis Group.

[18] Zhang, Zefeng, Jackson, Sandra L., Gillespie, Cathleen, Merritt, Robert, & Yang, Quanhe. (2023). Depressive Symptoms and Mortality Among US Adults. *JAMA Network Open*, 6(10), e2337011-e2337011.

[19] Zhang, Zhenmei, Xu, Hongwei, Li, Lydia W, Liu, Jinyu, & Choi, Seung-won Emily. (2020). Social Relationships in Early Life and Episodic Memory in Mid- and Late Life. *The Journals of Gerontology: Series B*, 76(10), 2121–2130.

第三章　童年和成年社会经济地位与晚年认知功能轨迹

一、研究背景

认知功能指的是人们习得知识、处理信息和进行推理的精神过程（Kiely, 2014）。伴随着衰老，人们的认知功能往往会出现衰退，有的人在晚年还会出现认知受损乃至阿尔茨海默症。这些病症不仅会严重降低老年人的自理能力和生活质量，也增加了家庭照料负担和社会医疗开支（Garre-Olmo et al., 2016; Jia et al., 2018）。然而，晚年认知功能的衰退速率存在明显的人群异质性，即某些老年人的认知功能退化得更为迅速（Hayden et al., 2011）。在医学社会学和社会流行病学领域，社会经济地位被认为是影响健康的根本社会因素，因为它在很大程度上是健康行为、健康投资、社会资本等其他健康影响因素的先决条件（Glymour, Avendano, & Kawachi, 2014）。鉴于社会经济地位与健康不平等之间的紧密联系，既有研究分析了晚年认知功能的衰退速率是否因童年和成年社会经济地位的不同而存在差异（Aartsen et al., 2019; Barnes et al., 2012; Cermakova, Formanek,

Kagstrom, & Winkler, 2018; Ericsson et al., 2017; Everson-Rose, Mendes de Leon, Bienias, Wilson, & Evans, 2003; Foverskov et al., 2018; Glymour, Tzourio, & Dufouil, 2012; Gottesman et al., 2014; Karlamangla et al., 2009; Lyu & Burr, 2016; Marioni et al., 2014; Muniz-Terrera et al., 2009; Piccinin et al., 2012; Staff, Chapko, Hogan, & Whalley, 2016; Wilson et al., 2009; Yang, Martikainen, Silventoinen, & Konttinen, 2016; Yang & Wang, 2020; Zahodne et al., 2011; Zahodne, Stern, & Manly, 2015; Zaninotto, Batty, Allerhand, & Deary, 2018）。然而，这些研究并未就社会经济地位与认知功能衰退速率之间的关系得出一致的结论，并且研究对象主要是欧美西方国家的老年人，学界对于包括中国在内的发展中国家老年人的社会经济地位和认知衰退轨迹之间的关系还知之甚少。

研究中国人晚年认知功能衰退的过程，以及童年与成年社会经济地位和认知功能衰退之间的关系具有重要的学术价值与现实意义。原因包括如下四点：第一，以往针对生命历程视角下的社会经济地位与健康发展轨迹之间关系的研究在结论上存在分歧。一些研究支持了“累积优势”（cumulative advantage）假说，认为随着年龄的增长，尤其是步入晚年以后，童年和成年早期社会经济地位较高的人相对于社会经济地位较低的人拥有越来越大的健康优势，或者说高社会经济地位的人健康衰退速率更慢；另一些研究则支持了“年龄中和”（age as leveler）假说，指出随着年龄的增长，童年和成年早期社会经济地位较高者相对于社会经济地位较低者所拥有的健康优势越来越小，即高社会经济地位的人健康衰退速率更慢（Carr, 2019）。这种关于健康变化轨迹的分歧在认知功能领域同样存在。第二，中国人晚年认知健康的未来形势严峻。得益于经济的发展和医疗卫生水平的提高，中国的人口寿命持续延长，死亡选择性的影响也因此下降。曾毅等（Zeng, Feng, Hesketh, Christensen, & Vaupel, 2017）通过对比 1998 年和 2008 年时中国 80 岁以上老年人的认知功能发现，2008 年时高龄老人的平均认知功能相较于 1998 年时的水平有了显著下降。这意味着中国老年人中认知功能处于较低水平的比例呈上升趋势。第三，认知功能受损将给未来的中国家庭和社会带来沉重的经济负担。以 60 岁及以上的中国阿尔茨海默症患者为例，2015 年时每位患者每年的各项医疗、护理费用约为 19 000 美元。据此估算，当年的社会总支出约为 1 677 亿美元，而该数字到 2050 年时预计可能扩大 11 倍（Jia et al., 2018）。第四，中国为研究童年、成年社会经济地位与晚年认知功能之间的关系提供了独特的社会背景。中国社会在近几十年里发生了剧烈的社会变革与经济转型，促进了社会流动，在这期间很多人的社会经济地位也发生了改变，造成了成年和童年社会经济地位之间的巨大差异，而这些个人经历在发达国家是非常罕见的（Zhang, Liu, Li, & Xu, 2018）。

以往关于社会经济地位与晚年认知功能衰退之间关系的研究存在以下问题。第一，多数研究聚焦于西方发达国家的老年人，而针对中国老年人的研究甚少，并且得出了矛盾的结论（Sha, Yan, & Cheng, 2018; Yang et al., 2016）。第二，社会经济地位与认知衰退之间关系的性别差异尚无定论。例如，既有研究发现，教育对

晚年认知衰退的抑制作用仅存在于女性中（Okamoto, 2019）；也有研究指出，教育的保护作用仅存在于男性中（Schneeweis, Skirbekk, & Winter-Ebmer, 2014）。而中国的研究没有探讨童年社会经济地位与晚年认知衰退之间关系的性别差异。第三，以往多数研究将认知功能得分这类线性变量作为因变量，因此难以通过这些研究得知社会经济地位能否调节认知功能从正常到受损的变化。第四，除极个别研究处理了社会经济地位（如受教育程度）的选择性外（Schneeweis et al., 2014），绝大多数研究没有做此类处理，因此模型估计的效应可能存在自选择偏误。

本章利用“中国老年健康影响因素跟踪调查”五期数据，分析童年与成年社会经济地位和晚年认知功能与认知衰退之间的关系，试图研究哪些童年和成年的社会经济地位因素有利于延缓晚年认知功能的衰退。笔者通过使用中国数据、分析性别差异、因变量采用线性变量和二分变量两种形式，以及削弱自选择偏误等拓展了已有研究。

二、文献回顾

（一）童年社会经济地位和晚年认知衰退

在研究童年社会经济地位与晚年认知功能的关系时，研究者们探讨的童年社会经济地位涵盖了多个方面，常用的童年社会经济地位指标包括父亲的受教育程度、父亲的职业类型、出生地（城市 / 农村）和童年家庭经济状况等（Lyu & Burr, 2016; Zhang et al., 2018），也有研究把童年时期的食物充足性（Barnes et al., 2012）或居住条件（Cermakova et al., 2018）作为指标之一。还有研究者强调，母亲的受教育程度对子女认知功能的塑造起着至关重要的作用，因为母亲是未成年人的主要照料者，她的受教育程度深刻地影响着子女早年的健康和认知发展，以及子女成年后的学历和职业，而这些因素都和晚年认知功能有关（Rogers et al., 2008）。

童年社会经济地位影响晚年认知功能的一个关键途径是它塑造了人们在青少年时期的认知能力，而早年认知能力较高的人在晚年时的认知功能仍存在优势（Zhang, Liu, & Choi, 2020）。高社会经济地位家庭的儿童在出生前母亲健康和出生后家庭环境等方面的优势有利于他们获得更理想的脑部发育和认知能力（Hackman, Farah, & Meaney, 2010）。相较于高社会阶层的母亲，低社会阶层的母亲在怀孕期间承受着更大的压力，更高的感染风险，以及更差的营养状况，这些因素会对胎儿的神经发育造成不利影响，并在日后影响其成年期的认知功能。在孩子出生以后，社会经济地位低的父母可能因为沉重的生活与工作负担和频繁的家庭矛盾而忽视与孩子的交流与互动，从而使他们的孩子缺乏认知刺激，阻碍了认知能力的发展。此外，虽然成年社会经济地位（如受教育程度）在童年社会经济地位与之间和晚年认知功能之间起到了一定的中介效应，但童年社会经济地位对于晚年认知功能仍然具有显著的正面直接效应（Zhang et al., 2020）。神经科学领域的研究指出，即使在控制了 11 岁时认知能力和学历、职业等成年社会经济地位以后，童年社会经济地位更高的人在晚年时的海马体体积仍显著

更大（Staff et al., 2012）。

虽然以往研究基本肯定了拥有更高童年社会经济地位的人在晚年时具有更高的认知功能，却未就童年社会经济地位与晚年认知功能变化之间的关系达成共识。一些研究指出，童年社会经济地位与晚年的认知功能衰退率之间没有显著的关系（Cermakova et al., 2018; Ericsson et al., 2017; Everson-Rose et al., 2003; Greenfield & Moorman, 2018; Staff et al., 2016）；但也有研究指出，童年家庭社会经济地位高的人到了晚年后认知功能反而衰退得更快（Aartsen et al., 2019; Barnes et al., 2012; Glymour et al., 2012; Lyu & Burr, 2016; Zaninotto et al., 2018）。伴随着衰老，不同社会经济地位的人到了晚年以后的健康差异逐步缩小，即存在"年龄中和"现象，它在很大程度上是死亡选择（mortality selection）的产物。也就是说，社会经济地位低的人更有可能无法完成从青、中年向老年的过渡，而能够存活到老年的低社会阶层可能在基因、心理、社会资本等方面具有更多的抵抗健康风险的优势，因此他们在晚年的衰退过程更加缓慢（Carr, 2019）。阿尔森等（Aartsen et al., 2019）利用10岁时主要养家者的职业、家中书籍数量、住房的拥挤程度和质量等变量合成了表示童年社会经济地位的综合指标，他们发现在欧洲老年人中，童年家庭社会经济地位越低的人在晚年时的语言流畅性（verbal fluency）下降得越缓慢。与之类似，在法国老年人中，父母未接受中等教育者比父母接受过中等教育者的语言流畅性下降得更缓慢（Glymour et al., 2012）。除了针对语言流畅性的研究外，针对综合认知功能（global cognitive function）

和记忆力（memory）的研究也发现了童年家庭社会经济地位越低则晚年认知衰退速率越慢。例如，在美国人中，童年家庭经济状况更差的人在晚年后综合认知功能下降得更缓慢；同时，童年家庭社会经济地位与晚年认知衰退速率的正向关联主要存在于社会经济地位和认知功能处于弱势的群体中（如黑人、女性）（Lyu & Burr, 2016）。在非裔美国人中，童年时食物匮乏或者比同龄人瘦弱的人到了晚年后综合认知功能下降得更缓慢（Barnes et al., 2012）。在英国女性中，父母的职业阶层越低，则其晚年的综合认知功能和记忆力衰退得越缓慢（Zaninotto et al., 2018）。另外，以往两项中国研究并没有发现父母的受教育程度或职业与子女晚年的认知衰退具有显著的关系（Sha et al., 2018; Yang & Wang, 2020）。

造成已有研究得出不同结论的原因可能是多方面的，包括变量测量（即对“童年社会经济地位”和“认知功能”的界定与测量）、研究地点、研究对象的人口学特征（例如出生队列、性别）以及研究方法等。

（二）成年社会经济地位和晚年认知衰退

教育被认为是塑造晚年认知功能的最重要的成年社会经济地位之一。学者们通过工具变量回归对多国数据进行分析后发现，受教育程度与晚年认知功能的正向关联是一种因果关系（Huang & Zhou, 2013; Nguyen et al., 2016; Schneeweis et al., 2014）。那么，受教育程度和老年人的认知衰退速率之间存在着怎样的关系呢？有研究指出，随着年龄的增长，高学历老年人的认知功能衰退得更慢。如此一来，高学历老年人相对于低学历老年人

的认知功能优势越来越大，即出现了“累积优势”现象（Foverskov et al., 2018; Marioni et al., 2014; Sha et al., 2018; Zahodne et al., 2015）。神经科学领域的研究发现，教育能够起到保护大脑的作用，受教育程度更高的人在晚年时大脑皮层变薄和海马体萎缩的速度都更慢（Kim et al., 2015; Noble et al., 2012），这为教育有助于延缓晚年认知衰退提供了一定的科学依据。同时，成年社会经济地位高的人认知功能衰退缓慢和认知储备（cognitive reserve）也有一定关系。认知储备的概念建立在脑部病变与发生痴呆症之间存在个体差异的基础上，指的是可以用来抵消脑部病变损害的大脑能力（Stern, 2002）。拥有充足认知储备的人在发生了脑部病变后，其认知功能不易表现出严重的衰退，而学历更高的人通常被认为拥有更多的认知储备（Sattler, Toro, Schönknecht, & Schröder, 2012）。不过，一些量化研究指出，受教育程度和晚年综合认知功能及多个认知功能领域的衰退速率之间没有显著关系（Karlamangla et al., 2009; Muniz-Terrera et al., 2009; Piccinin et al., 2012; Wilson et al., 2009; Yang et al., 2016; Zahodne et al., 2011）。甚至还有研究发现，随着年龄的增长，高学历老年人的综合认知功能（Li, Ding, Wu, & Dong, 2017; Lyu & Burr, 2016; Zaninotto et al., 2018）和执行功能（executive function）（Gottesman et al., 2014）衰退得更快。一种可能的解释是，那些学历很低的人在基线调查中测出的认知功能比他们的实际水平要低，因此在接下来的时光里，即使较低学历者的实际认知衰退速率与较高学历者没有差别，从数据上也会表现为较低学历者的认知功能衰退得更缓慢（Li et al.,

2017）。以往关于教育与晚年综合认知功能衰退之间关系的中国研究也得出了不同的结论，既有研究发现两者之间不存在显著的关系（Yang et al., 2016），也有研究指出教育有助于延缓综合认知功能的衰退（Sha et al., 2018）。此外，一项针对美国华人的研究发现，受教育程度越高则晚年综合认知功能衰退得越快（Li et al., 2017）。

除受教育程度以外，学界对于职业、收入等其他成年社会经济地位与晚年认知衰退之间的关系也缺乏清晰的认识。例如，既有研究发现从事复杂职业的人进入晚年以后患阿尔茨海默症的风险更低（Potter, Helms, Burke, Steffens, & Plassman, 2007），也有研究指出高职业阶层的晚年认知功能衰退得更快（Singh-Manoux et al., 2011）。类似地，既有研究对收入水平与晚年认知衰退之间的关系也莫衷一是（Chen & Cao, 2020; Karlamangla et al., 2009; Lyu & Burr, 2016; Yang et al., 2016）。

（三）社会经济地位和晚年认知衰退之间关系的性别差异

来自西方国家的证据表明，晚年时两性在不同的认知领域各有优势：老年男性通常在计算能力方面更优，而老年女性的优势主要集中在语言能力。这些差异形成于成年早期，并较为稳定地持续到晚年（Parsons, Rizzo, Zaag, McGee, & Buckwalter, 2005）。在美国的老年人中，女性具有优于男性的字词回忆（word recall）能力、综合回忆（Buschke total recall）能力、定向力测试（orientation test）结果以及综合认知能力（MMSE）（Angrisani, Lee, & Meijer, 2020）。在“重男轻女”现象十

分普遍的发展中国家，家庭通常在教育和营养等方面给予女性逊于男性的早期人力资本投资，这在很大程度上造成了女性的晚年认知功能劣势（Angrisani, Jain, & Lee, 2020）。在中国，女性的晚年认知功能劣势体现在多个认知领域，且在较早的出生队列和经济资源匮乏的社区尤为严重（Angrisani, Lee, et al., 2020; Lei, Hu, McArdle, Smith, & Zhao, 2012; Lei, Smith, Sun, & Zhao, 2014）。此外，有证据表明，相较于男性，女性的海马体萎缩得更迅速（Nobis et al., 2019），认知功能也衰退得更快（Sohn et al., 2018），从而加剧了女性的晚年认知功能劣势。

鉴于晚年认知功能和社会经济地位的性别差异以及晚年认知功能和社会经济地位之间的紧密联系，一些研究探讨了社会经济地位和晚年认知功能水平或认知衰退之间关系的性别差异。其中的一个关键议题是，教育对晚年认知功能水平和认知衰退的影响是否有性别差异。有研究认为，教育更有利于女性的晚年认知功能。一项针对欧洲老年人的研究发现，教育与情景记忆（episodic memory）和分类流畅性（categorical fluency）之间的关系在女性中更强，而教育与计算能力（numeracy）之间的关系没有显著的性别差异（Weber, Skirbekk, Freund, & Herlitz, 2014）。同时，教育对女性晚年认知衰退的抑制作用也更强。一项针对英国老年人的研究指出，低学历与阿尔茨海默症致死的显著关联只存在于女性中（Russ et al., 2013）。还有针对日本老年人的研究指出，对于受教育程度更高的老年女性，其认知功能衰退得更慢，而老年男性的认知功能衰退速率没有显著的学历差异（Okamoto, 2019）。虽然上述研究支持了教育对认知功能的提升作用和对认知衰退的抑制作用在女性中更为重要，但也有研究提供了截然相反的证据。有研究发现，在欧洲老年人中，教育对男性的即时记忆（immediate memory）和延迟记忆（delayed memory）具有积极影响，而对女性的相关认知领域没有显著影响；教育对男性在延迟记忆和语言流畅性方面的衰退具有抑制作用，而对女性没有显著影响（Schneeweis et al., 2014）。在中国，以往研究并未发现教育与晚年认知功能水平之间存在显著的性别差异（Lei et al., 2012）；还有研究否定了教育对男性或女性的晚年认知衰退具有抑制作用（Yang et al., 2016）。

此外，童年家庭社会经济地位与晚年认知衰退之间的关系也可能存在性别差异。沈可和曾毅（Shen & Zeng, 2014）发现，在控制了成年社会经济地位后，中国老年女性的童年社会经济地位对存活概率和晚年健康的直接效应是负向的，而这种关系在男性中不显著。这种现象说明，死亡选择对中国女性的影响高于男性。那些经历了童年逆境而后顺利步入晚年的人可能具有更强的健康风险抵御能力，因而机体在晚年阶段衰退得更加缓慢。在死亡选择性的作用下，童年家庭社会经济地位低的女性有可能到了晚年后认知功能衰退得更缓慢。

三、研究设计

（一）数据

本章采用“中国老年健康影响因素跟踪调查”2005年、2008—2009年、2011—2012年、2014年和2017—2018

年共五期数据。在这五期数据中，分析对象加入的首期调查为 2005 年调查，之后各期陆续加入的新样本不作为本研究的分析对象。为了降低样本死亡对模型估计造成的影响，分析对象的年龄被限定为 2005 年基线调查时在 65 岁至 85 岁之间，他们的出生年份在 1919 年至 1940 年之间。为保证数据的全国代表性，笔者在数据分析过程中使用了 2005 年调查的抽样权重，从而使样本的性别、年龄和城乡分布符合 2005 年中国人口的真实情况。为防止因变量离群值造成模型估计偏差，笔者参考以往研究的做法（Aartsen et al., 2019），剔除了 2005 年时（基线调查）认知功能有严重损伤（MMSE ≤ 10）的样本。在剔除了各期含有缺失变量的样本后，最终的分析样本包括女性个体 3 115 个，女性人—年数 8 145 个；男性个体 3263 个，男性人—年数 8257 个。

（二）变量测量

因变量是受访者的正态化简易智力状态检查量表（mini-mental state examination, MMSE）得分，代表了综合认知功能（global cognitive function）。原始 MMSE 得分最低为 0 分，最高为 30 分。鉴于 MMSE 得分的偏态分布特性，笔者参考既有研究（Philipps et al., 2014），将原始 MMSE 得分转换为分值区间在 0 到 100 的正态化 MMSE 得分，分数越高表示综合认知功能越好。此外，笔者还根据 MMSE 构造了一个二分因变量，原始 MMSE 得分为 24—30 分表示认知功能基本正常（Gu, Feng, & Yeung, 2019）。

自变量是代表童年家庭社会经济地位和成年社会经

济地位的变量以及年龄。衡量童年家庭社会经济地位的指标有三个：小时候睡觉前是否经常挨饿、父亲是否接受过教育（即受教育年限≥1年）、母亲是否接受过教育以及父亲在60岁之前的主要职业（农民、管理人员或专业技术人员、其他职业）。衡量成年社会经济地位的指标有三个：受教育程度（受教育年限为0年、1—6年、7年或7年以上）、2005年人均家庭年收入（log）以及60岁之前的主要职业（农民、管理人员或专业技术人员、其他职业）。年龄为受访者在接受访问时的真实周岁年龄减去分析样本的平均年龄（75岁）。

控制变量涵盖了多个方面。第一组控制变量是基本的社会人口因素：性别、出生队列虚拟变量（1919—1924年、1925—1929年、1930—1934年、1935—1940年）、民族（汉族=1）、居住地（城市=1）、是否住养老院，以及居住省份虚拟变量。第二组控制变量包括家庭支持因素：婚姻状态（有配偶=1）、是否与子女同住、是否与孙子女同住、健在子女数量和子女是否经常探望。第三组是健康行为：吸烟经历（现在吸烟、过去吸烟、从不吸烟）、饮酒经历（现在饮酒、过去饮酒、从不饮酒）、是否有锻炼习惯。家庭支持和健康行为在一定程度上影响晚年认知功能（Aartsen et al., 2019）。第四组是身体健康水平，包括了ADL健康水平、身体功能得分，身体健康被认为是认知功能健全的重要前提条件（Xu, Dupre, Gu, & Wu, 2017）。最后，为了降低选择性样本流失（selective attrition）所带来的偏差，笔者参考既有研究的做法（Aartsen et al., 2019; Chen, Yang, & Liu, 2010），控制了受访者是否在调查中途去世以及是否在调查中途失

访。表 3-1 展示了主要变量的描述性统计，分别汇报了多期合并数据和基线数据的变量分布情况。

表 3-1 主要变量描述性统计

变量	女性		男性	
	多期数据	基线数据	多期数据	基线数据
	均值 / %（标准差）	均值 / %（标准差）	均值 / %（标准差）	均值 / %（标准差）
正态化 MMSE 得分	70.67（22.73）	75.34（20.46）	79.02（20.83）	82.46（18.88）
认知功能正常	76.32	82.53	87.62	90.59
年龄	75.66（6.14）	72.16（5.34）	75.04（5.90）	71.60（5.09）
童年社会经济地位				
童年挨饿	68.99	68.64	66.60	66.06
父亲受过教育	22.93	23.81	27.18	28.01
母亲受过教育	3.38	4.17	4.21	4.96
父亲职业				
农民	81.32	79.51	80.67	78.02
管理人员或技术人员	3.19	3.54	3.33	3.59
其他职业	15.48	16.95	16.00	18.38
成年社会经济地位				
本人受教育年限				
0 年教育	65.72	64.61	23.67	23.53
1—6 年教育	27.64	27.44	50.75	49.68
7 年或 7 年以上教育	6.64	7.95	25.57	26.79
人均家庭收入（ln）	8.03（1.73）	8.12（1.65）	8.05（1.59）	8.11（1.63）
本人职业				
农民	67.72	63.29	56.46	53.33
管理人员或技术人员	5.16	6.23	17.84	19.55
其他职业	27.12	30.48	25.70	27.11
出生队列				
1919—1924	8.37	10.58	5.97	7.83

续表

变量	女性		男性	
	多期数据	基线数据	多期数据	基线数据
	均值 / %（标准差）	均值 / %（标准差）	均值 / %（标准差）	均值 / %（标准差）
1925—1929	16.89	18.23	15.28	17.46
1930—1934	29.42	29.57	28.65	29.36
1935—1940	45.33	41.61	50.10	45.36
汉族	94.17	94.92	94.59	95.13
居住于城市	49.15	43.13	48.27	42.48
住养老院	0.70	0.75	1.62	1.43
有配偶	41.33	48.52	71.37	74.04
与子女同住	50.69	49.17	39.18	41.30
与孙辈同住	38.69	40.77	31.14	33.41
健在子女数	3.94（1.64）	3.99（1.65）	3.57（1.66）	3.66（1.66）
子女经常探望	85.43	89.72	83.20	87.04
抽烟经历				
从不抽烟	86.18	84.11	29.39	28.17
曾经抽烟	6.18	6.21	29.71	24.90
现在抽烟	7.64	9.68	40.89	46.93
饮酒经历				
从不饮酒	84.96	84.51	42.64	41.57
曾经饮酒	6.42	5.35	23.26	19.17
现在饮酒	8.62	10.14	34.10	39.26
锻炼	38.29	37.55	46.56	44.02
ADL 健康水平	5.80（0.80）	5.92（0.48）	5.82（0.79）	5.89（0.59）
身体功能	2.58（0.83）	2.70（0.68）	2.71（0.71）	2.76（0.62）
调查期间失访	30.62	42.86	28.01	38.00
调查期间去世	26.45	31.18	33.51	39.24
N	8 145	3 115	8 257	3 263

（三）实证方法

为了分析正态化 MMSE 得分的变化，本章采用增长曲线模型（growth curve model），它是混合效应线性模型（mixed-effects linear model）的一个特例。第 i 个受访者在时点 t 的正态化 MMSE 得分 Y_{ti} 的预测模型的第一层为：

$$Y_{ti} = \pi_{0i} + \pi_{1i}(Age_{ti} - 75) + X_{ti}B + \varepsilon_{ti} \qquad (3-1)$$

式中，每个人在每个时点的年龄在 75 岁处对中。X_{ti} 表示随时间变化的协变量矩阵，B 表示其回归系数向量。ε_{ti} 表示层一误差项。

层二模型包含了随机截距（即 $\beta_{00}+\xi_{0i}$）和随机斜率（即 $\beta_{10}+\xi_{1i}$）两部分随机效应：

$$\pi_{0i} = \beta_{00} + C_iB_{01} + A_iB_{02} + Z_iB_{03} + \xi_{0i} \qquad (3-2.1)$$

和

$$\pi_{1i} = \beta_{10} + C_iB_{11} + A_iB_{12} + \xi_{1i} \qquad (3-2.2)$$

式中，C_i 和 A_i 分别表示每个人在童年和成年时期社会经济地位的变量矩阵，它们不随时间发生变化。Z_i 表示不随时间变化的协变量矩阵（如出生队列）。B_{01}, B_{02}, B_{03}, B_{11} 和 B_{12} 是固定效应。B_{10}, B_{11} 和 B_{12} 估计了认知轨迹的变化率。ξ_{0i} 和 ξ_{1i} 表示层二误差项。

为了更清晰地刻画认知功能在正常与不正常之间的变化，笔者还采用混合效应 Logit 模型（mixed-effects logit model），该模型的原理与线性模型基本一致。第 i 个受访者在时点 t 的认知功能类别 y_{ti} 属于正常的累积概率可以表示为：

$$p(y_{ti} = 1 | X_{ti}, u_i) = H(X_{ti}B + u_i) \qquad (3-3)$$

式中，$H(\cdot)$ 是 Logistic 累积分布函数。X_{ti} 是协变量矩阵，

其回归系数 B 表示其回归系数向量。u_i 表示随机效应。式（3−3）也可以转写成关于潜在线性变量 y^*_{ti} 的线性模型：

$$y^*_{ti} = X_{ti}B + u_i + \in_{ti} \tag{3-4}$$

式中，误差项 $\in_{ti}$ 服从 Logistic 分布，均值为 0，方差为 $\pi^2/3$，并且独立于 u_i。

以往多数研究忽视了童年和成年社会经济地位的选择性，即忽视了同时影响社会经济地位和晚年认知功能的混淆变量，如兄弟姐妹的结构、父母去世的时间、童年时期的医疗可及性等。为了尽可能排除模型估计中可能存在的选择性偏差，笔者采用概率倒数加权（inverse probability of treatment weighting, IPTW）方法调整了样本的抽样权重。

以女性为例，经初步研究发现，在老年女性中，童年经常挨饿者和受教育程度更高者的认知功能衰退得更慢（见表 3−2），因此需要排除混淆变量对童年挨饿与学历的影响。首先，笔者通过 Logit 模型估计女性受访者在童年挨饿的概率，各变量来自基线数据。预测方程如下：

$$\log\frac{p(H=1|X)}{p(H=0|X)} = \alpha_0 + \alpha_1 X \tag{3-5}$$

式中，H 表示童年是否经常挨饿（1= 是，0= 否），X 表示一系列可观测的混淆变量。

接着，笔者通过多分类 Logit 模型估计受访者获得不同层次学历的概率。预测方程如下：

$$\log\frac{p(E=j|H,X)}{p(E=0|H,X)} = \gamma_0 + \gamma_1 H + \gamma_1 X \quad (j=1,\ 2) \tag{3-6}$$

式中，E 表示受教育程度，E=0, 1, 2 分别表示未接受教育，

受过 1—6 年教育，受过 7 年或 7 年以上教育。*H* 和 *X* 所代表的含义与式（3–5）相同。

然后，笔者利用式（3–5）和式（3–6）估计出的概率值分别计算出平衡童年营养状况分组（童年挨饿和童年未挨饿）和受教育程度分组的 IPTW，即实际干预情况（observed treatment）的预测概率的倒数：

$$W^{H}=\frac{1}{P(H=h|X)} \tag{3-7}$$

$$W^{E}=\frac{1}{P(E=e|H,X)} \tag{3-8}$$

各受访者的最终权重是 CLHLS 数据提供的基线抽样权重（SW）与式（3–7）和式（3–8）所得权重的乘积：

$$W=SW\times W^{H}\times W^{E} \tag{3-9}$$

在使用 IPTW 之后，女性样本各变量之间的关系如图 3–1 所示，可观测的混淆变量（observed confounders）不影响童年挨饿和本人受教育程度，同时童年挨饿不影响本人受教育程度。

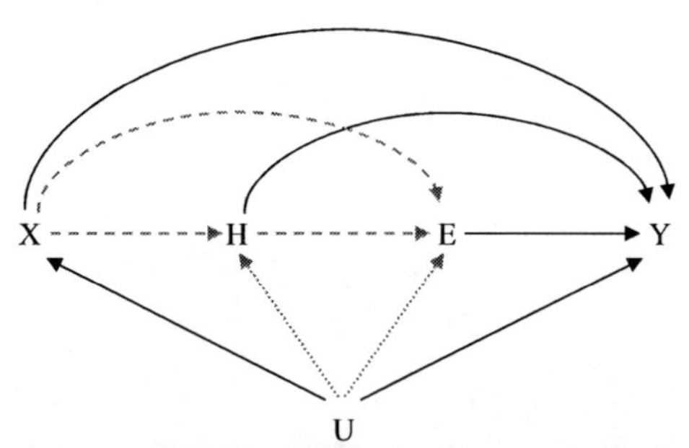

图 3–1 女性样本中 IPTW 作用的有向无环图

注：X 表示可观测的混淆变量；H 表示童年挨饿；E 表示受教育程度；Y 表示 MMSE 得分或认知功能正常；U 表示未被观测的混淆变量。实线箭头表示假定存在的因果关系。点箭头表示的关系假定不存在。虚线箭头表示的关系在使用 IPTW 以后消失。

此外，经初步研究发现，老年男性的认知功能衰退速率会因父亲职业类型、本人受教育程度和本人职业类型的差异而有所不同。因此，笔者利用类似式（3-7）至式（3-9）的做法，构造了适用于男性的同时平衡父亲职业分组和本人受教育程度分组的 IPTW1、同时平衡本人受教育程度分组和本人职业分组的 IPTW2，以及平衡本人受教育程度分组的 IPTW3。

四、童年与成年地位影响下的晚年认知轨迹分析

表 3-2 中的模型检验了女性的社会经济地位与 MMSE 得分之间的关系。从模型 1 可以看出，童年社会经济地位与晚年认知功能水平之间存在正向关系。当女性 75 岁时，童年挨饿者的 MMSE 得分比童年未挨饿者显著低 2.593 分，父亲受过教育者的 MMSE 得分比父亲未受教育者显著高 3.713 分，母亲受过教育者的 MMSE 得分比母亲未受教育者显著高 3.834 分，父亲从事其他（非农）职业的人的 MMSE 得分比父亲是农民的人显著高 2.560 分。从认知衰退的速率来看，年龄每增加一岁，则 MMSE 得分平均下降 1.029 分。童年挨饿具有明显的调节作用，童年挨饿者的认知衰退速率比童年未挨饿者显著慢 0.174 分 / 年。但是，其他童年社会经济地位指标对认知衰退没有显著的调节作用。模型 2 在模型 1 的基础上增加了表示成年社会经济地位的变量。与模型 1 相比，模型 2 中的母亲学历和父亲职业与 MMSE 得分之间的关系不再显著，而本人的受教育年限、基线人均家庭收入和本人职业阶层与 MMSE 得分之间的关系显著。这说明在中国的老年女性中存在童年社会经济地位影响成年社会经济地位，

进而影响晚年认知功能的传递模式（Aartsen et al., 2019; Lyu & Burr, 2016）。模型 2 仍然显示，老年女性的 MMSE 得分在童年挨饿者和受教育程度较高者中下降得更慢。在模型 3 中，笔者剔除了模型 2 中没有统计学意义的交互项以提升模型拟合优度（使 BIC 更小）。模型 3 显示，童年挨饿和接受教育有助于降低 MMSE 得分下降的速率：童年挨饿者的 MMSE 得分比童年未挨饿者每年少下降 0.206 分；相较于未接受教育者，接受 1—6 年教育者的 MMSE 得分每年少下降 0.227 分，接受 7 年或 7 年以上教育者的 MMSE 得分每年少下降 0.694 分。

表 3–2 女性社会经济地位与 MMSE 得分之关系的混合效应线性模型（N_i=3 115，N_{it}=8 145）

变量	模型 1	模型 2	模型 3
年龄	−1.029*** （0.095）	−1.047*** （0.100）	−1.048*** （0.095）
童年挨饿	−2.593*** （0.564）	−1.804** （0.557）	−1.782** （0.556）
年龄 × 童年挨饿	0.174* （0.084）	0.201* （0.084）	0.206* （0.084）
父亲受过教育	3.713*** （0.666）	2.467*** （0.643）	2.443*** （0.642）
年龄 × 父亲受过教育	0.069 （0.101）	0.001 （0.101）	—
母亲受过教育	3.834** （1.447）	1.085 （1.495）	0.959 （1.418）
年龄 × 母亲受过教育	0.397 （0.265）	0.181 （0.273）	—
父亲职业（参照组：农民）			
管理人员或技术人员	1.904 （1.524）	−1.183 （1.445）	−1.190 （1.442）

续表

变量	模型 1	模型 2	模型 3
其他职业	2.560** （0.781）	0.472 （0.764）	0.481 （0.758）
年龄 × 管理人员或技术人员	0.137 （0.227）	−0.081 （0.227）	—
年龄 × 其他职业	0.065 （0.116）	−0.007 （0.123）	—
本人受教育年限（参照组：0 年教育）			
1—6 年教育	—	5.947*** （0.656）	5.969*** （0.655）
7 年或 7 年以上教育	—	10.145*** （1.312）	10.429*** （1.237）
年龄 ×1—6 年教育	—	0.232* （0.098）	0.227* （0.094）
年龄 ×7 年或 7 年以上教育	—	0.556** （0.208）	0.694*** （0.148）
人均家庭收入（ln）	—	0.395* （0.201）	0.346 （0.194）
年龄 × 人均家庭收入（ln）	—	−0.038 （0.023）	
本人职业（参照组：农民）			
管理人员或技术人员	—	4.684** （1.536）	4.243** （1.416）
其他职业	—	1.490* （0.724）	1.490* （0.725）
年龄 × 管理人员或技术人员	—	0.342 （0.245）	—
年龄 × 其他职业	—	−0.048 （0.097）	—
控制变量	控制	控制	控制
随机效应方差成分			

续表

变量	模型 1	模型 2	模型 3
层一：个体内（残差）	320.607*** （6.861）	319.883*** （6.842）	320.105*** （6.839）
层二：个体间（截距）	42.888*** （5.616）	33.158*** （5.311）	32.950*** （5.309）
层二：线性增长率	0.426*** （0.085）	0.390*** （0.083）	0.398*** （0.082）
BIC	181 483	18 040	181 000

注：（1）各模型的控制变量包括出生队列、民族、居住于城市/农村、是否住养老院、是否有配偶、是否与子女同住、是否有孙辈同住、健在子女数、子女是否经常探望、抽烟经历、饮酒经历、是否锻炼、ADL 健康水平、身体功能、是否失访、是否去世、省份固定效应。（2）括号内是稳健标准误，*p ＜ 0.05，**p ＜ 0.01，***p ＜ 0.001（双侧检验）。以下各表相同。

表 3-3 展示了男性的社会经济地位与 MMSE 得分之间的关系。从社会经济地位与认知功能水平之间的关系来看，童年挨饿降低了 MMSE 得分，而父亲接受教育、本人拥有较高学历和本人从事非农职业有助于提高 MMSE 得分。在社会经济地位与认知衰退速率的关系方面，父亲是管理人员或技术人员、本人从事非农职业有助于延缓 MMSE 得分的下降，而接受 7 年或 7 年以上教育者的 MMSE 得分则下降得更为迅速。

表 3-3　男性社会经济地位与 MMSE 得分之关系的混合效应线性模型（N_i=3 263，N_{it}=8 257）

变量	模型 1	模型 2	模型 3
年龄	−0.571*** （0.091）	−0.454*** （0.117）	−0.444*** （0.102）
童年挨饿	−2.258*** （0.543）	−1.496** （0.525）	−1.481** （0.526）

续表

变量	模型 1	模型 2	模型 3
年龄 × 童年挨饿	−0.010 （0.081）	−0.017 （0.081）	—
父亲受过教育	2.684*** （0.646）	1.240 （0.645）	1.241 （0.642）
年龄 × 父亲受过教育	0.019 （0.094）	0.028 （0.094）	—
母亲受过教育	2.550* （1.039）	1.590 （1.044）	1.526 （0.991）
年龄 × 母亲受过教育	0.005 （0.186）	0.021 （0.185）	—
父亲职业（参照组：农民）			
管理人员或技术人员	1.804 （1.302）	0.520 （1.334）	0.553 （1.334）
其他职业	1.000 （0.721）	−0.073 （0.712）	−0.083 （0.712）
年龄 × 管理人员或技术人员	0.394* （0.176）	0.387* （0.173）	0.392* （0.162）
年龄 × 其他职业	−0.068 （0.104）	−0.081 （0.105）	−0.083 （0.101）
本人受教育年限（参照组：0 年教育）			
1—6 年教育	—	4.550*** （0.684）	4.547*** （0.683）
7 年或 7 年以上教育	—	6.989*** （0.867）	6.999*** （0.868）
年龄 ×1—6 年教育	—	−0.158 （0.106）	−0.153 （0.105）
年龄 ×7 年或 7 年以上教育	—	−0.268* （0.130）	−0.260* （0.127）
人均家庭收入（ln）	—	0.202 （0.204）	0.193 （0.203）
年龄 × 人均家庭收入（ln）	—	−0.038 （0.027）	—
本人职业（参照组：农民）			

续表

变量	模型 1	模型 2	模型 3
管理人员或技术人员	—	4.576*** （0.821）	4.602*** （0.818）
其他职业	—	1.640* （0.699）	1.642* （0.699）
年龄 × 管理人员或技术人员	—	0.267* （0.115）	0.232* （0.111）
年龄 × 其他职业	—	0.083 （0.101）	0.051 （0.098）
控制变量	控制	控制	控制
随机效应方差成分			
层一：个体内（残差）	290.972*** （7.052）	288.956*** （7.041）	288.956*** （7.037）
层二：个体间（截距）	41.761*** （6.968）	32.052*** （6.597）	32.099*** （6.609）
层二：线性增长率	0.327*** （0.092）	0.288** （0.088）	0.290*** （0.088）
BIC	170 072	169 606	169 580

为了更清晰地呈现社会经济地位与认知功能正常与否之间的关系，表 3-4 中的模型将因变量做了二分处理，所得结果可作为对线性模型结果的稳健性检验。对女性而言，童年挨饿、父亲没受过教育、父亲是管理人员或技术人员、本人学历较低的人更有可能认知功能失常；童年挨饿和接受 7 年或 7 年以上教育有助于延迟认知功能由正常到失常的转变。这些结果和表 3-2 中以 MMSE 得分作为因变量的模型基本一致。对男性而言，表 3-4 中的模型并没有发现父亲职业、本人受教育程度或本人职业能够有效调节认知功能从正常到失常的变化率，该结论与表 3-3 中的线性模型有较大区别。

表 3-4 分性别的社会经济地位与认知功能正常之关系的混合效应 Logit 模型

变量	女性	男性
年龄	−0.121*** （0.015）	−0.051** （0.016）
童年挨饿	−0.232* （0.096）	−0.125 （0.110）
年龄 × 童年挨饿	0.033* （0.013）	—
父亲受过教育	0.402*** （0.110）	0.175 （0.136）
母亲受过教育	0.102 （0.274）	−0.073 （0.287）
父亲职业（参照组：农民）		
管理人员或技术人员	−0.676** （0.240）	−0.010 （0.366）
其他职业	0.049 （0.132）	0.170 （0.176）
年龄 × 管理人员或技术人员	—	0.077 （0.050）
年龄 × 其他职业	—	0.002 （0.022）
本人受教育年限（参照组：0 年教育）		
1—6 年教育	0.704*** （0.109）	0.495*** （0.128）
7 年或 7 年以上教育	1.348*** （0.289）	0.701*** （0.180）
年龄 ×1—6 年教育	−0.007 （0.014）	−0.012 （0.017）
年龄 ×7 年或 7 年以上教育	0.092* （0.037）	−0.023 （0.023）
人均家庭收入（ln）	0.033 （0.026）	0.014 （0.036）

续表

变量	女性	男性
本人职业（参照组：农民）		
管理人员或技术人员	0.499 （0.296）	0.579** （0.208）
其他职业	0.145 （0.111）	0.201 （0.149）
年龄 × 管理人员或技术人员	—	0.003 （0.026）
年龄 × 其他职业	—	−0.030 （0.019）
控制变量	控制	控制
随机效应方差成分		
层二：个体间（截距）	0.699*** （0.123）	1.030*** （0.205）
层二：线性增长率	0.001 （0.002）	0.000 （0.000）
N_i	3 115	3 263
N_{it}	8 145	8 257

如前文所述，由于可能存在同时影响社会经济地位和认知功能的混淆变量，笔者采用了 IPTW 方法来削弱选择性偏差。由于笔者重点关注社会经济地位能否有效调节认知衰退的速率，因此使用 IPTW 以消除社会经济地位类别归属的影响因素（混淆变量）在不同社会经济地位类别之间的差异。从表 3–2 和表 3–3 的结果来看，对女性而言，童年挨饿和本人受教育程度可能对认知衰退有调节作用；对男性而言，父亲职业、本人受教育程度和本人职业可能对认知衰退有调节作用。附表 3–1 展示了预测女性童年挨饿的 Logit 模型以及使用 IPTW 前

后的平衡检验（双变量分析），附表 3-2 展示了预测女性受教育程度的多元 Logit 模型以及使用 IPTW 前后的平衡检验。由附表 3-1 的平衡检验可知，在使用 IPTW 之前，一些混淆变量（出生队列、出生于农村、父亲受过教育、母亲受过教育、兄弟姐妹排行、兄弟个数、早年父亲去世、父亲职业、童年医疗服务可及性和出生地区）在童年挨饿组和童年未挨饿组之间具有显著差异；而在使用 IPTW 之后，这些混淆变量在童年挨饿组和童年未挨饿组之间不再具有显著差异。附表 3-2 展示了 IPTW 平衡预测本人受教育程度的混淆变量的效果。针对男性样本使用的 IPTW 具有同样的平衡混淆变量的效果，相关模型及平衡检验结果见附表 3-3 至附表 3-5。

表 3-5 展示了使用 IPTW 以后分性别的社会经济地位与 MMSE 得分之间的关系。女性模型（模型 1）使用了同时平衡童年营养状况分组和本人受教育程度分组的 IPTW。在男性模型中，模型 2 使用了同时平衡父亲职业分组和本人受教育程度分组的 IPTW，模型 3 使用了同时平衡本人受教育程度分组和本人职业分组的 IPTW，模型 4 使用了平衡本人受教育程度分组的 IPTW。模型 1 显示，在女性中，相较于童年未挨饿者，童年挨饿者的晚年 MMSE 得分下降得更加缓慢；相较于未受过教育的人，受过 7 年或 7 年以上教育的人的 MMSE 得分下降得更加缓慢。并且，童年挨饿和 7 年或 7 年以上教育的缓冲作用具有统计学意义。模型 2 和模型 3 分别说明，父亲职业和本人职业不能有效调节老年男性的 MMSE 得分下降速率。模型 4 说明，相较于未受过教育的老年男性，受过 1—6 年教育的老年男性的 MMSE 得分下降速率更快。

表 3-5　经IPTW 调整的分性别的社会经济地位与 MMSE 得分之关系的混合效应线性模型

变量	女性	男性		
	模型 1	模型 2	模型 3	模型 4
年龄	−1.201*** （0.159）	−0.410 （0.216）	−0.306* （0.145）	−0.358*** （0.102）
童年挨饿	−1.543 （0.857）	−0.510 （1.269）	−0.380 （0.891）	−1.716** （0.592）
年龄 × 童年挨饿	0.377* （0.184）	—	—	—
父亲受过教育	1.418 （0.770）	2.907* （1.185）	1.502 （0.927）	1.469* （0.735）
母亲受过教育	0.906 （1.885）	−0.006 （1.485）	0.212 （1.489）	1.101 （1.274）
父亲职业（参照组：农民）				
管理人员或技术人员	1.490 （1.728）	0.466 （1.883）	1.914 （1.873）	3.155 （1.837）
其他职业	2.899** （0.961）	−0.259 （0.907）	−0.624 （1.007）	0.814 （0.861）
年龄 × 管理人员或技术人员	—	0.446 （0.328）	—	—
年龄 × 其他职业	—	−0.084 （0.161）	—	—
本人受教育年限（参照组：0 年教育）				
1—6 年教育	5.266*** （0.712）	3.399* （1.446）	5.378*** （1.089）	4.087*** （0.697）
7 年或 7 年以上教育	9.150*** （1.492）	7.242*** （1.413）	7.845*** （1.121）	7.035*** （0.890）
年龄 ×1—6 年教育	0.197 （0.117）	−0.469* （0.235）	−0.203 （0.147）	−0.205* （0.093）
年龄 ×7 年或 7 年以上教育	0.958*** （0.286）	−0.546* （0.216）	−0.343* （0.170）	−0.148 （0.116）
人均家庭收入（ln）	0.614* （0.266）	−0.061 （0.298）	0.516 （0.320）	0.266 （0.238）

续表

变量	女性	男性		
	模型 1	模型 2	模型 3	模型 4
本人职业（参照组：农民）				
管理人员或技术人员	3.094 （2.054）	0.451 （1.873）	2.013 （1.310）	3.401*** （0.971）
其他职业	−1.199 （1.341）	0.633 （1.268）	0.131 （0.942）	0.777 （0.773）
年龄 × 管理人员或技术人员	—	—	0.215 （0.142）	—
年龄 × 其他职业	—	—	0.060 （0.140）	—
控制变量	控制	控制	控制	控制
随机效应方差成分				
层一：个体内（残差）	279.167*** （16.044）	263.877*** （14.122）	284.507*** （11.229）	310.824*** （8.076）
层二：个体间（截距）	18.162* （7.119）	18.116 （11.738）	22.362** （8.121）	21.305*** （5.888）
层二：线性增长率	0.727** （0.246）	0.480* （0.203）	0.233 （0.127）	0.403*** （0.098）
N_i	3 115	3 263	3 263	3 263
N_{it}	8 145	8 257	8 257	8 257

表 3-6 展示了使用 IPTW 以后分性别的社会经济地位与认知功能正常之间的关系。从女性模型（模型 1）来看，童年挨饿者保持认知功能正常的发生比要比童年未挨饿者显著更高——每十年高出约 76.8%（$=e^{0.057\times10}-1$）；受过 7 年或 7 年以上教育的人保持认知功能正常的发生比要比未接受教育的人显著更高——每十年高出约 174.6%（$=e^{0.101\times10}-1$）。从模型 2 至模型 4 来看，并没有证据表明父亲职业、本人受教育程度或者本人职业能够有效调节老年男性认知功能由正常到失常的转变速率。

表 3-6　经 IPTW 调整的分性别社会经济地位与认知功能正常之关系的混合效应 Logit 模型

变量	女性	男性		
	模型 1	模型 2	模型 3	模型 4
年龄	−0.144*** （0.023）	−0.178** （0.064）	−0.006 （0.023）	−0.046** （0.017）
童年挨饿	−0.293* （0.136）	0.194 （0.248）	0.178 （0.172）	−0.073 （0.112）
年龄 × 童年挨饿	0.057* （0.026）	—	—	—
父亲受过教育	0.421** （0.135）	0.218 （0.240）	0.310 （0.181）	0.130 （0.137）
母亲受过教育	0.021 （0.359）	−0.571 （0.548）	−0.327 （0.328）	−0.129 （0.357）
父亲职业（参照组：农民）				
管理人员或技术人员	−0.600 （0.313）	0.315 （0.468）	0.138 （0.429）	0.674 （0.368）
其他职业	0.415* （0.199）	0.268 （0.227）	0.229 （0.205）	0.342* （0.160）
年龄 × 管理人员或技术人员	—	0.025 （0.111）	—	—
年龄 × 其他职业	—	−0.023 （0.030）	—	—
本人受教育年限（参照组：0 年教育）				
1—6 年教育	0.630*** （0.130）	−0.155 （0.275）	0.664*** （0.175）	0.427*** （0.129）
7 年或 7 年以上教育	1.370*** （0.349）	0.569 （0.357）	0.923*** （0.203）	0.739*** （0.181）
年龄 ×1—6 年教育	0.013 （0.019）	0.110 （0.056）	−0.018 （0.027）	−0.010 （0.015）
年龄 ×7 年或 7 年以上教育	0.101* （0.047）	0.074 （0.058）	−0.055 （0.032）	−0.010 （0.023）
人均家庭收入（ln）	0.054 （0.036）	0.084 （0.055）	0.068 （0.050）	0.071 （0.036）

续表

变量	女性	男性		
	模型 1	模型 2	模型 3	模型 4
本人职业（参照组：农民）				
管理人员或技术人员	0.312 （0.413）	0.123 （0.386）	0.169 （0.281）	0.262 （0.196）
其他职业	−0.141 （0.197）	0.372 （0.298）	−0.078 （0.189）	−0.080 （0.136）
年龄 × 管理人员或技术人员	—	—	0.002 （0.033）	—
年龄 × 其他职业	—	—	−0.032 （0.027）	—
控制变量	控制	控制	控制	控制
随机效应方差成分				
层二：个体间（截距）	0.761*** （0.193）	0.537 （0.457）	0.520 （0.340）	0.753*** （0.182）
层二：线性增长率	0.001 （0.04）	0.010 （0.008）	0.003 （0.003）	0.001 （0.002）
N_i	3 115	3 263	3 263	3 263
N_{it}	8 145	8 257	8 257	8 257

依据表 3-6 模型 1 的结果，图 3-2a 和图 3-2b 分别展示了不同童年营养状况（童年挨饿 / 童年未挨饿）下我国老年女性认知功能正常概率的变化轨迹和童年挨饿在各年龄对老年女性认知功能正常概率的影响。图 3-2a 和图 3-2b 显示，在 65 岁时，童年挨饿者认知功能正常的概率比童年未挨饿者显著低大约 10 个百分点；在 75 岁以前，童年挨饿者认知功能正常的概率都显著低于童年未挨饿者，但童年未挨饿者的衰退速率更快；在 75 岁或 75 岁以后，童年挨饿者和童年未挨饿者在认知功能正常的概率上没有显著差异。

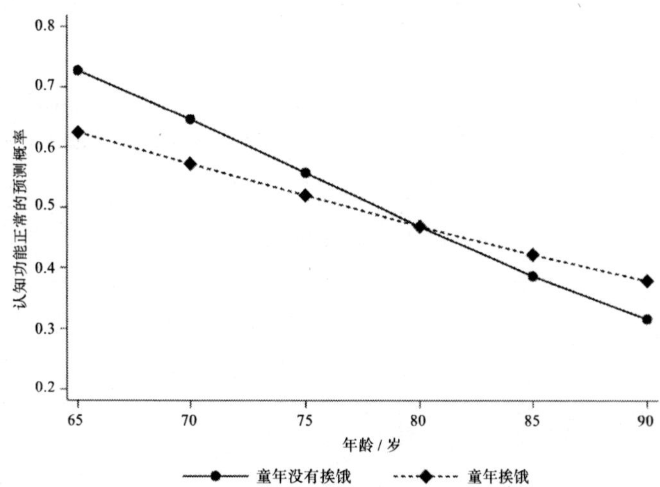

图 3-2a　不同童年营养状况下老年女性认知功能正常概率的变化轨迹

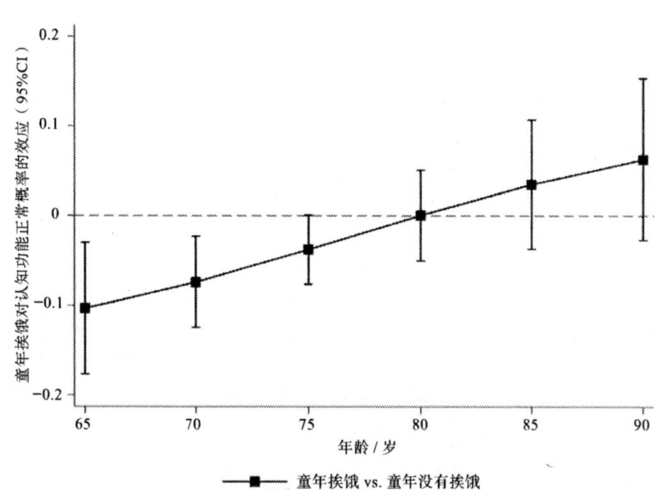

图 3-2b　童年挨饿在各年龄对老年女性认知功能正常概率的效应

类似地，根据表3-6模型1的结果，图3-3a和图3-3b分别展示了不同受教育程度下我国老年女性认知功能正常概率的变化轨迹和教育在各年龄对老年女性认知功能正常概率的影响。图3-3a和图3-3b显示，在65岁时，不同学历者的认知功能正常概率的差异非常小且没有统计学意义，随着年龄的增长，受过1—6年教育的人和受过7年或7年以上教育的人相对于未受过教育的人在认知功能方面的优势逐渐显现；到了80岁时，受过7年或7年以上教育的人拥有正常认知功能的概率比未受过教育的人显著高大约25个百分点。

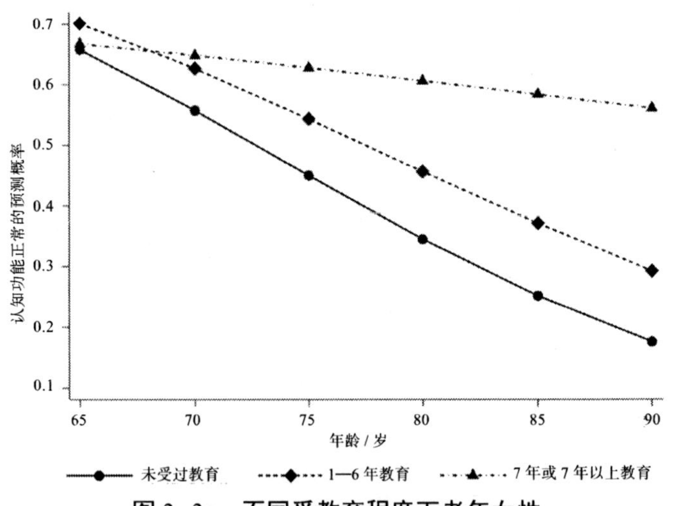

图3-3a 不同受教育程度下老年女性认知功能正常概率的变化轨迹

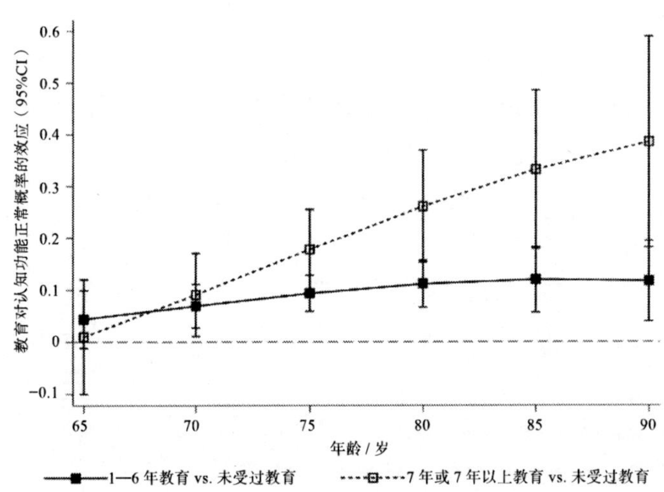

图 3-3b 教育在各年龄对老年女性认知功能正常概率的效应

五、本章小结

本章以中国老年人为研究对象，分性别检验了童年和成年社会经济地位与晚年认知功能变化轨迹之间的关系，并重点关注了童年和成年社会经济地位与晚年认知衰退之间的关系。本章发现，童年和成年早期的社会经济地位影响了女性的晚年认知衰退。具体而言，相较于童年未挨饿的女性，童年挨饿的老年女性由认知功能正常变为受损的变化速率更慢；相较于未受过教育的女性，受过 7 年或 7 年以上教育的老年女性由认知功能正常变为受损的变化速率更慢。但是，老年男性的童年与成年社会经济地位和认知功能由正常变为受损的变化速率之间没有显著关联。

不同童年营养状况下的老年女性随着年龄增长而在认知功能方面趋同，这属于健康不平等的“年龄中和”

现象；而不同受教育程度的老年女性随着年龄增长而在认知功能方面的差异逐渐扩大，则属于健康不平等的“累积优势”现象。本章发现的“年龄中和”现象在很大程度上是由死亡选择引起的（Barnes et al., 2012），即大量童年经常挨饿的女性在进入老年阶段之前已经死亡，而仍然存活的人可能在基因或其他健康决定因素方面具有极大的优势，这些优势在抑制晚年认知衰退方面发挥了关键作用。本文发现的“累积优势”现象说明，中等教育对我国老年女性的认知功能具有一定的保护作用，而这究竟是因为教育延迟了大脑病变还是教育提高了认知储备还有待于神经科学的进一步探索。

本研究在方法论上具有一定的创新性。以往研究在方法论上有两方面缺陷：其一，绝大多数研究在探究到社会经济地位与认知衰退之间的关系时没有很好地处理社会经济地位的选择性问题。本章的研究结果表明，忽视社会经济地位的选择性可能使社会经济地位对认知衰退的调节作用的估计存在偏差。本章通过运用 IPTW 方法，在一定程度上削弱了选择性偏差。例如，在没有使用 IPTW 时，表 3-3 的模型 3 指出，父亲职业和本人职业对于老年男性 MMSE 得分的下降速率发挥了调节作用，但在使用了 IPTW 以后，由表 3-5 的模型 2 和模型 3 可知，父亲职业和本人职业并没能有效调节老年男性 MMSE 得分的下降速率。其二，已有研究多数使用了线性的认知功能因变量，这样既不能清晰地反映出受访者认知功能由正常到受损的转变，也不能很好地解决由不同认知功能起点的受访者在 MMSE 得分下降空间上的差异性所引发的问题，即认知功能起点高的人具有更大的

MMSE 得分下降空间，因此同样的 MMSE 得分下降幅度在不同认知功能起点的人群中理应有不同的生理学意义。通过利用原始 MMSE 得分的切割点将认知功能二分，本章较好地解决了由使用线性因变量引发的上述两点问题。

当然，本研究也存在一定缺陷：一些不可观测的混淆变量可能影响结果。例如，数据中并没有受访者童年时期的认知能力，而这个变量可能混淆社会经济地位和晚年认知功能之间的关系。不过，缺少童年认知能力可能并不影响社会经济地位与认知衰退之间的结论。例如，一项针对丹麦老年人的研究就发现，虽然童年认知能力影响晚年的认知功能水平，但并不会对晚年认知衰退产生显著影响（Foverskov et al., 2018）。

参考文献

[1] Aartsen, Marja J., Cheval, Boris, Sieber, Stefan, Van der Linden, Bernadette W., Gabriel, Rainer, Courvoisier, Delphine S.,...Cullati, Stéphane. (2019). Advantaged Socioeconomic Conditions in Childhood are Associated with Higher Cognitive Functioning But Stronger Cognitive Decline in Older Age. *Proceedings of the National Academy of Sciences*, 116(12), 5478−5486.

[2] Angrisani, Marco, Jain, Urvashi, & Lee, Jinkook. (2020). Sex Differences in Cognitive Health Among Older Adults in India. *Journal of the American Geriatrics Society*, 68(S3), S20−S28.

[3] Angrisani, Marco, Lee, Jinkook, & Meijer, Erik. (2020). The Gender Gap in Education and Late-Life Cognition: Evidence from Multiple Countries and Birth Cohorts. *The Journal of the Economics of Ageing*, 16, 100232.

[4] Barnes, Lisa L., Wilson, Robert S., Everson-Rose, Susan A., Hayward, Mark D., Evans, Denis A., & Mendes de Leon, Carlos F. (2012). Effects of Early-Life Adversity on Cognitive Decline in Older African Americans and Whites. *Neurology*, 79(24), 2321−2327.

[5] Carr, Deborah. (2019). *Golden Years? Social Inequality in Later Life*. New York: Russell Sage Foundation.

[6] Cermakova, Pavla, Formanek, Tomas, Kagstrom, Anna, & Winkler, Petr. (2018). Socioeconomic Position in Childhood and Cognitive Aging in Europe. *Neurology*, 91(17), e1602-e1610.

[7] Chen, Feinian, Yang, Yang, & Liu, Guangya. (2010). Social Change and Socioeconomic Disparities in Health over the Life Course in China: A Cohort Analysis. *American Sociological Review*, 75(1), 126−150.

[8] Chen, Lele, & Cao, Qilong. (2020). Poverty Increases the Risk of Incident Cognitive Impairment Among Older Adults: A Longitudinal Study in China. *Aging & Mental Health*, 24(11), 1822−1827.

[9] Ericsson, Malin, Lundholm, Cecilia, Fors, Stefan, Dahl Aslan, Anna K., Zavala, Catalina, Reynolds, Chandra A., & Pedersen, Nancy L. (2017). Childhood Social Class and Cognitive Aging in the Swedish Adoption/Twin Study of Aging. *Proceedings of the National Academy of Sciences*, 114(27), 7001−7006.

[10] Everson-Rose, Susan A., Mendes de Leon, Carlos F., Bienias, Julia L., Wilson, Robert S., & Evans, Denis A. (2003). Early Life Conditions and Cognitive Functioning in Later Life. *American Journal of Epidemiology*, 158(11), 1083−1089.

[11] Foverskov, Else, Glymour, M. Maria, Mortensen, Erik L, Holm, Anders, Lange, Theis, & Lund, Rikke. (2018). Education and Cognitive Aging: Accounting for Selection and Confounding in Linkage of Data From

the Danish Registry and Survey of Health, Ageing and Retirement in Europe. *American Journal of Epidemiology*, 187(11), 2423−2430.

[12] Garre-Olmo, J., Vilalta-Franch, J., Calvó-Perxas, L., Turró-Garriga, O., Conde-Sala, L., & López-Pousa, S. (2016). A Path Analysis of Patient Dependence and Caregiver Burden in Alzheimer's Disease. *International Psychogeriatrics*, 28(7), 1133−1141.

[13] Glymour, M. Maria, Avendano, Mauricio, & Kawachi, Ichiro. (2014). Socioeconomic Status and Health. In Lisa F. Berkman, Ichiro Kawachi, & M. Maria Glymour (Eds.), *Social Epidemiology* (*2nd edition*) (pp. 17−62). New York: Oxford University Press.

[14] Glymour, M. Maria, Tzourio, Christophe, & Dufouil, Carole. (2012). Is Cognitive Aging Predicted by One's Own or One's Parents' Educational Level? Results from the Three-City Study. *American Journal of Epidemiology*, 175(8), 750−759.

[15] Gottesman, Rebecca F., Rawlings, Andreea M., Sharrett, A. Richey, Albert, Marilyn, Alonso, Alvaro, Bandeen-Roche, Karen,...Mosley, Thomas H. (2014). Impact of Differential Attrition on the Association of Education With Cognitive Change Over 20 Years of Follow-Up: The ARIC Neurocognitive Study. *American Journal of Epidemiology*, 179(8), 956−966.

[16] Greenfield, Emily A., & Moorman, Sara M. (2018). Childhood Socioeconomic Status and Later Life

Cognition: Evidence from the Wisconsin Longitudinal Study. *Journal of Aging and Health*, 31(9), 1589–1615.

[17] Gu, Danan, Feng, Qiushi, & Yeung, Wei-Jun Jean. (2019). Reciprocal Dynamics of Solo-Living and Health Among Older Adults in Contemporary China. *The Journals of Gerontology*: *Series B*, 74(8), 1441–1452.

[18] Hackman, Daniel A., Farah, Martha J., & Meaney, Michael J. (2010). Socioeconomic Status and the Brain: Mechanistic Insights from Human and Animal Research. *Nature Reviews Neuroscience*, 11(9), 651–659.

[19] Hayden, Kathleen M., Reed, Bruce R., Manly, Jennifer J., Tommet, Douglas, Pietrzak, Robert H., Chelune, Gordon J., . . . Jones, Richard N. (2011). Cognitive Decline in the Elderly: An Analysis of Population Heterogeneity. *Age and Ageing*, 40(6), 684–689.

[20] Huang, Wei, & Zhou, Yi. (2013). Effects of Education on Cognition at Older Ages: Evidence from China's Great Famine. *Social Science & Medicine*, 98, 54–62.

[21] Jia, Jianping, Wei, Cuibai, Chen, Shuoqi, Li, Fangyu, Tang, Yi, Qin, Wei, ...Gauthier, Serge. (2018). The Cost of Alzheimer's Disease in China and Re-estimation of Costs Worldwide. *Alzheimer*'s *& Dementia*, 14(4), 483–491.

[22] Karlamangla, Arun S., Miller-Martinez, Dana, Aneshensel, Carol S., Seeman, Teresa E., Wight, Richard G., & Chodosh, Joshua. (2009). Trajectories of Cognitive Function in Late Life in the United States: Demographic

and Socioeconomic Predictors. *American Journal of Epidemiology*, 170(3), 331–342.

[23] Kiely, Kim M. (2014). Cognitive Function. In Alex C. Michalos (Ed.), *Encyclopedia of Quality of Life and Well-Being Research* (pp. 974–978). Dordrecht: Springer Netherlands.

[24] Kim, Jun Pyo, Seo, Sang Won, Shin, Hee Young, Ye, Byoung Seok, Yang, Jin-Ju, Kim, Changsoo, Guallar,...Eliseo. (2015). Effects of Education on Aging-Related Cortical Thinning Among Cognitively Normal Individuals. *Neurology*, 85(9), 806–812.

[25] Lei, Xiaoyan, Hu, Yuqing, McArdle, John J., Smith, James P., & Zhao, Yaohui. (2012). Gender Differences in Cognition among Older Adults in China. *The Journal of Human Resources*, 47(4), 951–971.

[26] Lei, Xiaoyan, Smith, James P., Sun, Xiaoting, & Zhao, Yaohui. (2014). Gender Differences in Cognition in China and Reasons for Change over Time: Evidence from CHARLS. *The Journal of the Economics of Ageing*, 4, 46–55.

[27] Li, Lydia W., Ding, Ding, Wu, Bei, & Dong, XinQi. (2017). Change of Cognitive Function in U.S. Chinese Older Adults: A Population-Based Study. *The Journals of Gerontology*: *Series A*, 72(suppl_1), S5–S10.

[28] Lyu, Jiyoung, & Burr, Jeffrey A. (2016). Socioeconomic Status Across the Life Course and Cognitive Function Among Older Adults: An Examination of the

Latency, Pathways, and Accumulation Hypotheses. *Journal of Aging and Health*, 28(1), 40–67.

[29] Marioni, Riccardo E., Proust-Lima, Cecile, Amieva, Helene, Brayne, Carol, Matthews, Fiona E., Dartigues, Jean-Francois, & Jacqmin-Gadda, Helene. (2014). Cognitive Lifestyle Jointly Predicts Longitudinal Cognitive Decline and Mortality Risk. *European Journal of Epidemiology*, 29(3), 211–219.

[30] Muniz-Terrera, Graciela, Matthews, Fiona, Dening, Tom, Huppert, Felicia A., Brayne, Carol, & Group, CC75C. (2009). Education and Trajectories of Cognitive Decline over 9 Years in Very Old People: Methods and Risk Analysis. *Age and Ageing*, 38(3), 277–282.

[31] Nguyen, Thu T., Tchetgen, Eric J. Tchetgen, Kawachi, Ichiro, Gilman, Stephen E., Walter, Stefan, Liu, Sze Y.,...Glymour, M. Maria. (2016). Instrumental Variable Approaches to Identifying the Causal Effect of Educational Attainment on Dementia Risk. *Annals of Epidemiology*, 26(1), 71–76.

[32] Nobis, Lisa, Manohar, Sanjay G., Smith, Stephen M., Alfaro-Almagro, Fidel, Jenkinson, Mark, Mackay, Clare E., & Husain, Masud. (2019). Hippocampal Volume Across Age: Nomograms Derived from over 19,700 People in UK Biobank. *NeuroImage*: *Clinical*, 23, 101904.

[33] Noble, Kimberly, Grieve, Stuart, Korgaonkar, Mayuresh, Engelhardt, Laura, Griffith, Erica, Williams, Leanne, & Brickman, Adam. (2012). Hippocampal Volume

Varies with Educational Attainment Across the Life-Span. *Frontiers in Human Neuroscience*, 6(307).

[34] Okamoto, Shohei. (2019). Socioeconomic Factors and the Risk of Cognitive Decline Among the Elderly Population in Japan. *International Journal of Geriatric Psychiatry*, 34(2), 265–271.

[35] Parsons, Thomas D., Rizzo, Albert R., Zaag, Cheryl van der, McGee, Jocelyn S., & Buckwalter, J. Galen. (2005). Gender Differences and Cognition Among Older Adults. *Aging, Neuropsychology, and Cognition*, 12(1), 78–88.

[36] Philipps, V., Amieva, H., Andrieu, S., Dufouil, C., Berr, C., Dartigues, J. F.,...Proust-Lima, C. (2014). Normalized Mini-Mental State Examination for Assessing Cognitive Change in Population-Based Brain Aging Studies. *Neuroepidemiology*, 43(1), 15–25.

[37] Piccinin, Andrea M., Muniz-Terrera, Graciela, Clouston, Sean, Reynolds, Chandra A., Thorvaldsson, Valgeir, Deary, Ian J.,...Hofer, Scott M. (2012). Coordinated Analysis of Age, Sex, and Education Effects on Change in MMSE Scores. *The Journals of Gerontology: Series B*, 68(3), 374–390.

[38] Potter, Guy G., Helms, Michael J., Burke, James R., Steffens, David C., & Plassman, Brenda L. (2007). Job Demands and Dementia Risk Among Male Twin Pairs. *Alzheimer's & Dementia*, 3(3), 192–199.

[39] Rogers, Mary A. M., Plassman, Brenda L.,

Kabeto, Mohammed, Fisher, Gwenith G., McArdle, John J., Llewellyn, David J.,...Langa, Kenneth M. (2008). Parental Education and Late-life Dementia in the United States. *Journal of Geriatric Psychiatry and Neurology*, 22(1), 71–80.

[40] Russ, Tom C., Stamatakis, Emmanuel, Hamer, Mark, Starr, John M., Kivimäki, Mika, & Batty, G. David. (2013). Socioeconomic Status as a Risk Factor for Dementia Death: Individual Participant Meta-Analysis of 86508 Men And Women from the UK. *British Journal of Psychia*try, 203(1), 10–17.

[41] Sattler, Christine, Toro, Pablo, Schönknecht, Peter, & Schröder, Johannes. (2012). Cognitive Activity, Education and Socioeconomic Status as Preventive Factors for Mild Cognitive Impairment and Alzheimer's Disease. *Psychiatry Research*, 196(1), 90–95.

[42] Schneeweis, Nicole, Skirbekk, Vegard, & Winter-Ebmer, Rudolf. (2014). Does Education Improve Cognitive Performance Four Decades After School Completion? Demography, 51(2), 619–643.

[43] Sha, Tingting, Yan, Yan, & Cheng, Wenwei. (2018). Associations of Childhood Socioeconomic Status with Mid-Life and Late-Life Cognition in Chinese Middle-Aged and Older Population based on A 5-Year Period Cohort Study. *International Journal of Geriatric Psychiatry*, 33(10), 1335–1345.

[44] Shen, Ke, & Zeng, Yi. (2014). Direct and Indirect Effects of Childhood Conditions on Survival and Health

Among Male and Female Elderly in China. *Social Science & Medicin*e, 119, 207–214.

[45] Singh-Manoux, Archana, Marmot, Michael G., Glymour, Maria, Sabia, Séverine, Kivimäki, Mika, & Dugravot, Aline. (2011). Does Cognitive Reserve Shape Cognitive Decline? *Annals of Neurology*, 70(2), 296–304.

[46] Sohn, Dongwha, Shpanskaya, Katie, Lucas, Joseph E.,... Petrella, Jeffrey R., Saykin, Andrew J., Tanzi, Rudolph E., Doraiswamy, P. Murali. (2018). Sex Differences in Cognitive Decline in Subjects with High Likelihood of Mild Cognitive Impairment due to Alzheimer's Disease. *Scientific Reports*, 8(1), 7490.

[47] Staff, R. T., Chapko, D., Hogan, M. J., & Whalley, L. J. (2016). Life Course Socioeconomic Status and the Decline in Information Processing Speed in Late Life. *Social Science & Medicine*, 151, 130–138.

[48] Staff, Roger T., Murray, Alison D., Ahearn, Trevor S., Mustafa, Nazahan, Fox, Helen C., & Whalley, Lawrence J. (2012). Childhood Socioeconomic Status and Adult Brain Size: Childhood Socioeconomic Status Influences Adult Hippocampal Size.*Annals of Neurology*, 71(5), 653–660.

[49] Stern, Yaakov. (2002). What is Cognitive Reserve? Theory and Research Application of the Reserve Concept. *Journal of the International Neuropsychological Society*, 8(3), 448–460.

[50] Weber, Daniela, Skirbekk, Vegard, Freund, Inga, & Herlitz, Agneta. (2014). The Changing Face of Cognitive

Gender Differences in Europe. *Proceedings of the National Academy of Sciences*, 111(32), 11673−11678.

[51] Wilson, S. R., Hebert, E. L., Scherr, A. P., Barnes, L. L., Mendes De Leon, F. C., & Evans, A. D. (2009). Educational Attainment and Cognitive Decline in Old Age. *Neurology*, 72(5), 460−465.

[52] Xu, Hanzhang, Dupre, Matthew E., Gu, Danan, & Wu, Bei. (2017). The Impact of Residential Status on Cognitive Decline Among Older Adults in China: Results from a Longitudinal Study. *BMC Geriatrics*, 17(1), 107−107.

[53] Yang, Lei, Martikainen, Pekka, Silventoinen, Karri, & Konttinen, Hanna. (2016). Association of Socioeconomic Status and Cognitive Functioning Change Among Elderly Chinese People. *Age and Ageing*, 45(5), 674−680.

[54] Yang, Lei, & Wang, Zhenbo. (2020). Early-Life Conditions and Cognitive Function in Middle-and Old-Aged Chinese Adults: A Longitudinal Study. *International Journal of Environmental Research and Public Health*, 17(10), 3451.

[55] Zahodne, Laura B., Glymour, M. Maria, Sparks, Catharine, Bontempo, Daniel, Dixon, Roger A., MacDonald, Stuart W. S., & Manly, Jennifer J. (2011). Education Does Not Slow Cognitive Decline with Aging: 12-Year Evidence from the Victoria Longitudinal Study. *Journal of the International Neuropsychological Society*, 17(6), 1039−

1046.

[56] Zahodne, Laura B., Stern, Yaakov, & Manly, Jennifer J. (2015). Differing Effects of Education on Cognitive Decline in Diverse Elders with Low Versus High Educational Attainment. *Neuropsychology*, 29(4), 649−657.

[57] Zaninotto, Paola, Batty, G David, Allerhand, Michael, & Deary, Ian J. (2018). Cognitive Function Trajectories and Their Determinants in Older People: 8 Years of Follow-Up in the English Longitudinal Study of Ageing. *Journal of Epidemiology and Community Health*, 72(8), 685−694.

[58] Zeng, Yi, Feng, Qiushi, Hesketh, Therese, Christensen, Kaare, & Vaupel, James W. (2017). Survival, Disabilities in Activities of Daily Living, and Physical and Cognitive Functioning Among the Oldest-Old in China: A Cohort Study.*The Lancet*, 389(10079), 1619−1629.

[59] Zhang, Zhenmei, Liu, Hui, & Choi, Seung-won. (2020). Early-Life Socioeconomic Status, Adolescent Cognitive Ability, and Cognition in Late Midlife: Evidence from the Wisconsin Longitudinal Study. *Social Science & Medicine*, 244, 112575.

[60] Zhang, Zhenmei, Liu, Jinyu, Li, Lydia, & Xu, Hongwei. (2018). The Long Arm of Childhood in China: Early-Life Conditions and Cognitive Function Among Middle-Aged and Older Adults. *Journal of Aging and Health*, 30(8), 1319−1344.

附表 3-1 预测女性童年挨饿的 Logit 模型与 IPTW 前后平衡检验（N=3 115）

变量	童年挨饿	IPTW 前平衡检验	IPTW 后平衡检验
出生队列（参照组：1919—1924）		χ^2（3）=7.91*	χ^2（3）=0.49
1925—1929	0.115（0.124）	—	—
1930—1934	−0.017（0.121）	—	—
1935—1940	−0.128（0.118）	—	—
汉族	0.237（0.199）	χ^2（1）=1.28	χ^2（1）=0.60
出生于农村	0.491***（0.115）	χ^2（1）=100.61***	χ^2（1）=0.22
父亲受过教育	−0.565***（0.102）	χ^2（1）=102.10***	χ^2（1）=0.21
母亲受过教育	−0.786***（0.209）	χ^2（1）=43.92***	χ^2（1）=0.11
兄弟姐妹排行（参照组：第一）		χ^2（4）=20.20***	χ^2（4）=4.65
第二	0.240*（0.112）	—	—
第三	0.327**（0.126）	—	—
第四	0.095（0.156）	—	—
第五或以上	0.244（0.164）	—	—
兄弟个数（参照组：0 个）		χ^2（4）=12.80*	χ^2（4）=6.02
1 个	0.250*（0.126）	—	—
2 个	0.175（0.132）	—	—
3 个	0.110（0.150）	—	—

续表

变量	童年挨饿	IPTW 前 平衡检验	IPTW 后 平衡检验
4 个或以上	−0.048 （0.173）	—	—
姐妹个数（参照组：0 个）		χ^2（4）=3.04	χ^2（4）=2.50
1 个	0.007 （0.112）	—	—
2 个	0.027 （0.125）	—	—
3 个	−0.023 （0.154）	—	—
4 个或以上	−0.010 （0.185）	—	—
早年父亲去世	0.328* （0.136）	χ^2（1）=8.05**	χ^2（1）=0.01
早年母亲去世	−0.197 （0.144）	χ^2（1）=0.71	χ^2（1）=1.25
父亲职业（参照组：农民）		χ^2（2）=106.20***	χ^2（2）=0.10
管理人员或技术人员	−0.135 （0.221）	—	—
其他职业	−0.344** （0.119）	—	—
童年医疗服务可及性（参照组：可获得）		χ^2（3）=99.92***	χ^2（3）=3.02
不可获得	0.583*** （0.088）	—	—
没有患病	−0.332 （0.360）	—	—
未作答	0.614** （0.199）	—	—
出生地区（参照组：东部）		χ^2（4）=89.62***	χ^2（4）=3.82
东北	−0.130 （0.154）	—	—
中部	0.518*** （0.122）	—	—
东南	−0.097 （0.126）	—	—

续表

变量	童年挨饿	IPTW 前 平衡检验	IPTW 后 平衡检验
西部	0.603*** （0.124）	—	—
常数项	−0.442 （0.274）	—	—

注：（1）括号内为标准误，*p < 0.05，*p < 0.01，***p < 0.001（双侧检验）；（2）IPTW 指的是同时平衡童年营养状况分组和本人受教育程度分组的权重。

附表 3-2　预测女性学历的多分类 Logit 模型与 IPTW 前后平衡检验（*N*=3 115）

变量	1—6 年教育 /0 年教育	7 年或 7 年以上教育 /0 年教育	IPTW 前 平衡检验	IPTW 后 平衡检验
童年挨饿	−0.342*** （0.101）	−0.972*** （0.184）	χ^2（2） =162.13***	χ^2（2）=0.75
出生队列（参照组：1919—1924）			χ^2（6） =152.45***	χ^2（6）=5.01
1925—1929	0.250 （0.146）	0.938** （0.311）	—	—
1930—1934	0.549*** （0.141）	1.148*** （0.307）	—	—
1935—1940	1.226*** （0.133）	1.897*** （0.293）	—	—
汉族	0.504* （0.229）	0.633 （0.579）	χ^2（2）=11.97**	χ^2（2）=0.67
出生于农村	−0.670*** （0.132）	−1.921*** （0.200）	χ^2（2） =315.73***	χ^2（2）=0.80
父亲受过教育	0.763*** （0.111）	1.289*** （0.193）	χ^2（2） =269.77***	χ^2（2）=0.28
母亲受过教育	0.383 （0.253）	1.492*** （0.301）	χ^2（2） =115.93***	χ^2（2）=0.04
兄弟姐妹排行（参照组：第一）			χ^2（8）=6.33	χ^2（8）=3.32
第二	−0.042 （0.126）	0.047 （0.241）	—	—

续表

变量	1—6 年教育/0 年教育	7 年或 7 年以上教育/0 年教育	IPTW 前平衡检验	IPTW 后平衡检验
第三	0.127 （0.136）	0.367 （0.268）	—	—
第四	0.286 （0.171）	0.431 （0.334）	—	—
第五或以上	0.324 （0.179）	0.542 （0.345）	—	—
兄弟个数（参照组：0 个）			χ^2（8）=5.76	χ^2（8）=6.95
1 个	0.024 （0.142）	0.086 （0.272）	—	—
2 个	0.089 （0.147）	0.075 （0.283）	—	—
3 个	−0.150 （0.172）	0.137 （0.317）	—	—
4 个或以上	−0.056 （0.196）	0.137 （0.317）	—	—
姐妹个数（参照组：0 个）			χ^2（8）=6.71	χ^2（8）=4.16
1 个	−0.057 （0.124）	−0.340 （0.234）	—	—
2 个	−0.132 （0.137）	−0.450 （0.262）	—	—
3 个	−0.332 （0.173）	−0.478 （0.319）	—	—
4 个或以上	−0.477* （0.209）	−0.939* （0.397）	—	—
早年父亲去世	−0.023 （0.141）	−0.310 （0.281）	χ^2（2）=1.19	χ^2（2）=0.54
早年母亲去世	−0.204 （0.163）	−0.612 （0.332）	χ^2（2）=1.76	χ^2（2）=0.43
父亲职业（参照组：农民）			χ^2（4） =326.51***	χ^2（2）=0.40
管理人员或技术人员	0.445 （0.265）	1.492*** （0.338）	—	—
其他职业	0.706*** （0.129）	1.007*** （0.216）	—	—

续表

变量	1—6 年教育/0 年教育	7 年或 7 年以上教育/0 年教育	IPTW 前平衡检验	IPTW 后平衡检验
童年医疗服务可及性（参照组：可获得）			χ^2（6）=160.11***	χ^2（2）=3.58
不可获得	−0.354***（0.097）	−0.950***（0.190）	—	—
没有患病	−0.383（0.487）	−0.478（0.918）	—	—
未作答	−0.748**（0.233）	−1.270*（0.500）	—	—
出生地区（参照组：东部）			χ^2（8）=84.96***	χ^2（8）=8.67
东北	1.048***（0.176）	1.317***（0.286）	—	—
中部	0.266（0.139）	0.415（0.265）	—	—
东南	0.175（0.149）	0.248（0.269）	—	—
西部	0.423**（0.136）	0.208（0.279）	—	—
常数项	−1.616***（0.319）	−2.771***（0.707）	—	—

注：（1）括号内为标准误，*p ＜ 0.05，*p ＜ 0.01，***p ＜ 0.001（双侧检验）；（2）IPTW 指的是同时平衡童年营养状况分组和本人受教育程度分组的权重。

附表 3-3　预测男性父亲职业的多分类 Logit 模型与 IPTW 前后平衡检验（*N*=3263）

变量	管理或技术人员/农民	其他职业/农民	IPTW 前平衡检验	IPTW1 后平衡检验
出生队列（参照组：1919—1924）			χ^2（6）=9.02	χ^2（6）=8.63
1925—1929	−0.091（0.270）	0.046（0.149）	—	—

续表

变量	管理或技术人员 / 农民	其他职业 / 农民	IPTW 前平衡检验	IPTW1 后平衡检验
1930—1934	−0.753* （0.304）	−0.045 （0.150）	—	—
1935—1940	−0.133 （0.258）	0.083 （0.143）	—	—
汉族	0.320 （0.750）	0.089 （0.295）	χ^2（2） =11.86**	χ^2（2） =6.27*
出生于农村	−1.617*** （0.213）	−2.012*** （0.115）	χ^2（2） =445.64***	χ^2（2） =3.50
父亲受过教育	2.692*** （0.226）	1.460*** （0.107）	χ^2（2） =379.68***	χ^2（2） =0.05
出生地区（参照组：东部）			χ^2（8） =95.79***	χ^2（8） =13.75
东北	−0.865* （0.407）	−0.222 （0.190）	—	—
中部	−0.639* （0.282）	−0.257 （0.148）	—	—
东南	−0.181 （0.271）	−0.038 （0.153）	—	—
西部	−1.333*** （0.300）	−0.739*** （0.153）	—	—
常数项	−2.607** （0.813）	−0.281 （0.335）	—	—

注：（1）括号内为标准误，$*p < 0.05$，$*p < 0.01$，$***p < 0.001$（双侧检验）；（2）IPTW1 指的是同时平衡父亲职业分组和本人受教育程度分组的权重。

附表 3-4　预测男性学历的多分类 Logit 模型与 IPTW 前后平衡检验（N=3263）

变量	1—6 年教育 /0 年教育	7 年或 7 年以上教育 /0 年教育	IPTW 前平衡检验	IPTW1 后平衡检验	IPTW2 后平衡检验	IPTW3 后平衡检验
童年挨饿	−0.242* （0.104）	−0.689*** （0.123）	χ^2（2）=142.47***	χ^2（2）=1.74	χ^2（2）=0.74	χ^2（2）=0.11
出生队列（参照组：1919—1924）			χ^2（6）=115.97***	χ^2（6）=8.49	χ^2（6）=3.22	χ^2（6）=1.08
1925—1929	0.351** （0.119）	0.457** （0.164）	—	—	—	—
1930—1934	0.626*** （0.124）	0.753*** （0.166）	—	—	—	—
1935—1940	0.724*** （0.126）	1.335*** （0.159）	—	—	—	—
汉族	0.110 （0.217）	−0.373 （0.260）	χ^2（2）=0.54	χ^2（2）=0.53	χ^2（2）=2.76	χ^2（2）=0.02
出生于农村	−0.194 （0.150）	−0.922*** （0.164）	χ^2（2）=204.05***	χ^2（2）=0.42	χ^2（2）=0.50	χ^2（2）=0.18
父亲受过教育	0.941*** （0.130）	1.428*** （0.146）	χ^2（2）=273.81***	χ^2（2）=3.90	χ^2（2）=0.47	χ^2（2）=0.54

续表

变量	1—6 年教育 /0 年教育	7 年或 7 年以上教育 /0 年教育	IPTW 前平衡检验	IPTW1 后平衡检验	IPTW2 后平衡检验	IPTW3 后平衡检验
母亲受过教育	−0.020 （0.291）	0.622* （0.306）	χ^2（2）=58.25***	χ^2（2）=5.49	χ^2（2）=3.14	χ^2（2）=0.11
兄弟姐妹排行（参照组：第一）			χ^2（8）=16.75*	χ^2（8）=15.27	χ^2（8）=2.49	χ^2（8）=5.85
第二	−0.188 （0.117）	−0.234 （0.148）	—	—	—	—
第三	−0.051 （0.137）	−0.292 （0.179）	—	—	—	—
第四	−0.101 （0.167）	−0.023 （0.210）	—	—	—	—
第五或以上	0.235 （0.182）	0.326 （0.221）	—	—	—	—
兄弟个数（参照组：0 个）			χ^2（8）=8.39	χ^2（8）=7.12	χ^2（8）=2.91	χ^2（8）=2.89
1 个	0.103 （0.129）	0.125 （0.162）	—	—	—	—

续表

变量	1—6 年教育 /0 年教育	7 年或 7 年以上教育 /0 年教育	IPTW 前平衡检验	IPTW1 后平衡检验	IPTW2 后平衡检验	IPTW3 后平衡检验
2 个	0.091 （0.137）	−0.016 （0.175）	—	—	—	—
3 个	−0.118 （0.160）	−0.270 （0.204）	—	—	—	—
4 个或以上	−0.286 （0.189）	−0.205 （0.234）	—	—	—	—
姐妹个数（参照组：0 个）			χ^2（8）=26.24**	χ^2（8）=14.50	χ^2（8）=3.72	χ^2（8）=1.87
1 个	0.127 （0.118）	−0.006 （0.153）	—	—	—	—
2 个	0.192 （0.133）	0.282 （0.168）	—	—	—	—
3 个	0.205 （0.168）	0.312 （0.206）	—	—	—	—
4 个或以上	0.371 （0.206）	0.282 （0.252）	—	—	—	—

续表

变量	1—6 年教育 /0 年教育	7 年或 7 年以上教育 /0 年教育	IPTW 前平衡检验	IPTW1 后平衡检验	IPTW2 后平衡检验	IPTW3 后平衡检验
早年父亲去世	−0.346**（0.129）	−0.494**（0.169）	χ^2（2）=7.88*	χ^2（2）=0.59	χ^2（2）=0.40	χ^2（2）=0.56
早年母亲去世	−0.389**（0.149）	−0.634**（0.203）	χ^2（2）=12.83**	χ^2（2）=8.59*	χ^2（2）=3.73	χ^2（2）=0.07
父亲职业（参照组：农民）			χ^2（4）=236.51***	χ^2（4）=2.08	χ^2（4）=0.69	χ^2（4）=0.32
管理人员或技术人员	0.190（0.324）	0.856*（0.338）	—	—	—	—
其他职业	0.380*（0.148）	0.849***（0.165）	—	—	—	—
童年医疗服务可及性（参照组：可获得）			χ^2（8）=95.99***	χ^2（8）=6.16	χ^2（8）=2.73	χ^2（8）=1.00
不可获得	−0.402***（0.098）	−0.887***（0.120）	—	—	—	—
没有患病	−0.238（0.404）	−0.252（0.509）	—	—	—	—

续表

变量	1—6 年教育 /0 年教育	7 年或 7 年以上教育 /0 年教育	IPTW 前平衡检验	IPTW1 后平衡检验	IPTW2 后平衡检验	IPTW3 后平衡检验
未作答	−0.481* （0.208）	−1.213*** （0.291）	—	—	—	—
出生地区（参照组：东部）			χ^2（6）=175.04***	χ^2（6）=9.46	χ^2（6）=5.74	χ^2（6）=1.35
东北	0.595** （0.195）	0.680** （0.220）	—	—	—	—
中部	0.330* （0.129）	−0.202 （0.166）	—	—	—	—
东南	−0.143 （0.137）	−0.628*** （0.175）	—	—	—	—
西部	0.460*** （0.130）	0.041 （0.161）	—	—	—	—
常数项	0.272 （0.311）	0.910* （0.367）	—	—	—	—

注：（1）括号内为标准误，*p ＜ 0.05，*p ＜ 0.01，***p ＜ 0.001（双侧检验）；（2）IPTW1 是同时平衡父亲职业分组和本人受教育程度分组的权重，IPTW2 是同时平衡本人受教育程度分组和本人职业分组的权重，IPTW3 是平衡本人受教育程度分组的权重。

附表 3-5　预测男性职业的多分类 Logit 模型与 IPTW 前后平衡检验（N=3263）

变量	管理或技术人员 / 农民	其他职业 / 农民	IPTW 前平衡检验	IPTW2 后平衡检验
本人受教育年限（参照组：0 年教育）			χ^2（4）=923.00***	χ^2（4）=2.35
1—6 年教育	1.605***（0.232）	0.728***（0.114）	—	—
7 年或 7 年以上教育	4.120***（0.246）	1.464***（0.160）	—	—
童年挨饿	−0.219（0.130）	−0.356***（0.103）	χ^2（2）=128.88***	χ^2（2）=0.48
出生队列（参照组：1919—1924）			χ^2（6）=17.19**	χ^2（6）=3.41
1925—1929	0.248（0.177）	−0.026（0.134）	—	—
1930—1934	0.270（0.176）	0.014（0.134）	—	—
1935—1940	−0.380*（0.176）	−0.179（0.132）	—	—
汉族	0.560（0.315）	0.543*（0.262）	χ^2（2）=23.39***	χ^2（2）=0.02

续表

变量	管理或技术人员 / 农民	其他职业 / 农民	IPTW 前平衡检验	IPTW2 后平衡检验
出生于农村	−1.399*** （0.175）	−1.428*** （0.147）	χ^2（2）=427.79***	χ^2（2）=0.78
父亲受过教育	0.081 （0.139）	−0.151 （0.119）	χ^2（2）=149.07***	χ^2（2）=0.22
母亲受过教育	0.592* （0.286）	0.191 （0.268）	χ^2（2）=51.05***	χ^2（2）=0.37
兄弟姐妹排行（参照组：第一）			χ^2（8）=10.68	χ^2（8）=6.25
第二	−0.203 （0.160）	−0.103 （0.123）	—	—
第三	0.000 （0.185）	−0.083 （0.146）	—	—
第四	−0.195 （0.223）	−0.352 （0.182）	—	—
第五或以上	−0.204 （0.226）	−0.228 （0.185）	—	—
兄弟个数（参照组：0 个）			χ^2（8）=6.97	χ^2（8）=5.71

续表

变量	管理或技术人员 / 农民	其他职业 / 农民	IPTW 前平衡检验	IPTW2 后平衡检验
1 个	0.346* （0.176）	0.102 （0.136）	—	—
2 个	0.580** （0.189）	0.330* （0.145）	—	—
3 个	0.380 （0.222）	0.235 （0.171）	—	—
4 个或以上	0.661** （0.252）	0.255 （0.203）	—	—
姐妹个数（参照组：0 个）			χ^2（8）=12.72	χ^2（8）=2.99
1 个	0.234 （0.169）	0.042 （0.126）	—	—
2 个	0.139 （0.181）	−0.161 （0.142）	—	—
3 个	0.256 （0.219）	−0.077 （0.175）	—	—

续表

变量	管理或技术人员 / 农民	其他职业 / 农民	IPTW 前平衡检验	IPTW2 后平衡检验
4 个或以上	0.138 （0.262）	0.063 （0.206）	—	—
早年父亲去世	0.156 （0.185）	0.184 （0.141）	χ^2（2）=1.39	χ^2（8）=0.42
早年母亲去世	0.348 （0.218）	0.425** （0.162）	χ^2（2）=6.85*	χ^2（2）=3.69
父亲职业（参照组：农民）			χ^2（4）=500.68***	χ^2（4）=0.61
管理人员或技术人员	2.213*** （0.337）	1.520*** （0.319）	—	—
其他职业	1.129*** （0.170）	1.419*** （0.138）	—	—
童年医疗服务可及性（参照组：可获得）			χ^2（6）=139.53***	χ^2（6）=1.27
不可获得	−0.347** （0.127）	−0.105 （0.101）	—	—
没有患病	−0.090 （0.581）	0.299 （0.434）	—	—

续表

变量	管理或技术人员/农民	其他职业/农民	IPTW 前平衡检验	IPTW2 后平衡检验
未作答	−0.637 （0.341）	−0.018 （0.222）	—	—
出生地区（参照组：东部）			χ^2（8）=224.51***	χ^2（8）=3.93
东北	0.660** （0.223）	0.736*** （0.183）	—	—
中部	0.028 （0.170）	−0.312* （0.136）	—	—
东南	−0.439* （0.198）	−0.004 （0.143）	—	—
西部	−0.842*** （0.174）	−0.829*** （0.139）	—	—
常数项	−2.782*** （0.467）	−0.336 （0.352）	—	—

注：（1）括号内为标准误，*p ＜ 0.05，*p ＜ 0.01，***p ＜ 0.001（双侧检验）；（2）IPTW2 是同时平衡本人受教育程度分组和本人职业分组的权重。

第四章　童年时父母关系质量如何影响晚年心理健康

一、研究背景

越来越多的研究表明，童年时期的生活环境会影响成年后的心理健康。例如，许多研究发现，童年社会经济地位与成年后的抑郁症状呈显著的负相关关系（Angelini, Howdon, & Mierau, 2018; Elovainio et al., 2012; Gilman, Kawachi, Fitzmaurice, & Buka, 2002; Goosby, 2013; Tani et al., 2016）。然而，除童年社会经济地位外，既有文献较少关注其他童年因素（如家庭环境因素）对心理健康的影响，给生命历程视角下的心理健康研究留下缺憾。仅有少数研究探讨了恶劣的童年家庭环境是否会损害成年后的心理健康。尽管这些研究有助于加深对早年生活环境长期影响的认识，但它们着眼的童年家庭环境因素较为局限。例如，萨里宁等（Saarinen et al., 2021）聚焦于情感性家庭环境，情感性家庭环境涵盖了父母的生活满意度、酗酒情况、精神障碍水平、敌视子女的教养态度等四个方面；泰勒等（Taylor et al., 2006）提炼出“问题化童年家庭环境”的概念，主要指父母对待子女的不当行为，如父母对子女实施身体虐待、谩骂、侮辱、威胁等。同时，已有研究较少关注中国老年人心理健康的童年决定因素。

父母关系质量被认为是童年家庭环境的重要组成部分，对儿童的发展具有重要影响（Goldberg & Carlson, 2014; Li, Jiang, Fan, & Zhang, 2020）。然而，以往研究并未充分考察子女童年时父母关系质量对子女成年后心理健康的影响及其途径。已有研究主要聚焦于父母关系质量的短期效应，指出恶劣的父母关系与未成年子女的内化问题（如抑郁和焦虑）之间呈正相关（Goldberg & Carlson, 2014; Li et al., 2020; Schoppe-Sullivan, Schermerhorn, & Cummings, 2007; Xiao, Bullock, Liu, & Coplan, 2022; Ying et al., 2018）。同时，尽管情感安全理论和社会学习理论提出了童年时期恶劣的父母关系影响成年后心理健康的潜在途径，但还缺乏对这些理论上成立途径的实证检验。为填补这一研究空白，本章分析了子女童年时父母关系质量与子女晚年抑郁症状之间的关系，并探索了二者之间的中介机制。本章的研究结论可能有助于识别晚年抑郁症易感人群，为实施高效的预防性心理健康干预提供依据；有助于为如何弱化童年时期父母间恶劣关系对心理健康的终生损害提供策略；有助于唤起人们对改善夫妻关系、构建和睦家庭的重视。

二、理论基础和分析框架

如前文所述，多项实证研究表明，父母关系质量与青少年心理健康之间存在正向关系。从情绪安全模型和社会学习模型可以推论出，父母关系质量也可能对子女

成年后的心理健康产生长期影响，即形成“童年的长臂”（the long arm of childhood）（Hayward & Gorman, 2004）。简言之，子女童年时的父母关系质量更差，那么子女晚年的心理健康也会更差。

家庭系统理论（family systems theory）提供了关于家庭关系如何影响家庭成员情感和社会化发展的总体性认识。该理论认为，家庭是一个有机整体，家庭成员之间相互依存、相互影响，儿童的发展情况受制于多种亲密关系，尤其是父母关系和亲子关系（Cox & Paley, 1997, 2003）。以家庭系统理论为基础，戴维斯和卡明斯（Davies & Cummings, 1994）提出了情感安全理论（emotional security theory），强调更广泛的家庭环境因素在塑造儿童情感安全方面的关键作用。根据情感安全理论，父母的婚姻冲突会破坏亲子关系，特别是增加父母对儿童的暴力行为，从而威胁儿童的情感安全，进而加剧其抑郁症状。实证研究也证实，恶劣的父母关系会波及亲子关系，表现为儿童遭受父母身体虐待的风险增加（O’Keefe, 1995）。因此，父母对儿童的身体虐待可能在父母关系质量与儿童抑郁症状之间发挥中介作用。此外，有研究指出，童年因遭受身体虐待而形成的心理阴影会持续较长时间，童年更频繁遭受身体虐待的人到晚年时会表现出更严重的抑郁症状（Comijs et al., 2013）。反之，在童年时拥有更良好亲子关系的子女无论在青少年时期（Li et al., 2020）还是在老年时期（Stafford, Kuh, Gale, Mishra, & Richards, 2016）都会更少产生心理健康问题。因此，对子女而言，童年时的亲子关系质量和来自父母的身体虐待可能是连接父母关系质量和子女晚年抑郁症状的渠道。此外，根据情感安全理论，子女童年时的亲子关系质量可能在父母关系质量和父母施与子女的身体虐待之间起到部分中介作用。

不同于情感安全理论强调父母养育方式的重要性，社会学习理论从社会化角度关注父母关系对子女的影响。根据社会学习理论，子女是父母关系的第一见证人，因此可能会模仿父母处理夫妻关系的行为策略（Sarrazin & Cyr, 2007）。大量文献证实了婚姻质量和婚姻稳定性的代际传递，通过父母在子女童年或成年早期的婚姻质量或不稳定性可以预测成年子女的婚姻质量或不稳定性（Amato & Booth, 2001; Feng, Giarrusso, Bengtson, & Frye, 1999; Jarnecke & South, 2013; Perren, Von Wyl, Bürgin, Simoni, & Von Klitzing, 2005; Story, Karney, Lawrence, & Bradbury, 2004）。除了婚姻质量的代际传递，研究者还观察到亲子关系质量的代际传递（Birditt, Tighe, Fingerman, & Zarit, 2012; Hank, Salzburger, & Silverstein, 2017）。正如社会学习理论所指出的，父母关系不和谐的子女很难学会如何正确处理人际关系，因为他们可能会复制父母糟糕的人际交往技巧（Sarrazin & Cyr, 2007）。因此，第一代（以下简称“G1”）的夫妻关系可能会直接影响第二代（以下简称“G2”）与其子女（即第三代，以下简称“G3”）之间的关系。此外，由于父母关系质量可能会波及亲子关系质量，G1 夫妻关系会通过 G1 和 G2 之间的关系间接影响 G2 和 G3 之间的关系。总之，G1 夫妻关系质量和 G2 夫妻关系质量、G2 和 G3 的关系质量呈正相关。对于老年人而言，不和谐的夫妻关系和亲子关系都是抑郁症状的影响因素（Wang, Wang, Li, & Miller, 2014; Wang,

Zhang, Wang, & Fu, 2020）。因此，G2 在成年后的夫妻关系质量和亲子关系（G2 和 G3 关系）质量可能是连接 G2 童年时的父母关系质量与 G2 晚年抑郁症状的第二类渠道。此外，G2 童年时与 G1 的关系质量可能在 G1 夫妻的关系质量和 G2 与 G3 关系质量之间起部分中介作用。

最后，以往研究指出，不和谐的父母关系作为未成年子女的压力源，会直接损害子女的心理健康（Li et al., 2020）。这些心理健康问题可能会贯穿子女的一生。在这种情况下，我们可能会观察到，子女在童年时期经历过的不和谐父母关系会与他们晚年的抑郁症状之间存在直接关联，尤其是在童年的心理健康没有作为模型控制变量的情况下。图 4-1 的概念框架图展示了子女在童年时期经历的父母间关系不睦与其晚年抑郁症状之间的直接和间接关系。

三、研究设计

（一）数据

本章使用了“中国健康与养老追踪调查”（CHARLS）项目的第二期和第三期追踪调查常规数据，这两期调查由北京大学分别于 2013 年和 2015 年组织开展。同时，本章还使用了 CHARLS 项目组于 2014 年收集的个人生命历程数据。CHARLS 生命历程调查中的受访者回顾了本人的居住和迁移史、童年生命历程、教育史、健康和保健史等。本章主要采用了有关童年经历的资料，如子女童年时的父母关系质量、亲子关系质量、身体虐待情况、父母特征等。CHARLS 数据的“童年”是指 17 岁以前的人生阶段。

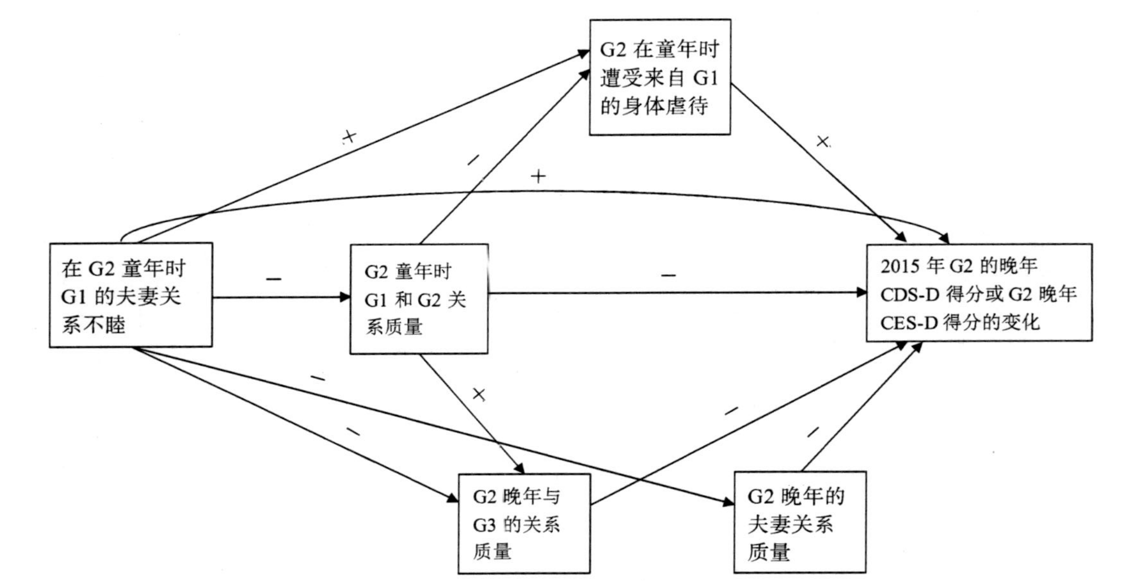

图 4–1　子女童年时的父母关系质量对子女晚年抑郁症状影响的概念框架图

注：（1）“G1”、“G2” 和 “G3” 分别表示第一代、第二代和第三代，下同；（2）“+” 表示正向关系，“–” 表示负向关系。（3）“G2 晚年 CES–D 得分的变化” 指 2015 年 CES–D 得分与 2013 年 CES–D 得分之差。

本章将分析样本限定为出生于1930年至1955年（即2015年为60—85岁，98%以上的老年受访者处于这一年龄段），由父母双方（包括亲生父母、继父母或养父母）抚养，有过婚姻经历且在2015年至少有一个在世子女的人，并剔除了由代理人回答童年状况或重要变量缺失的个案。最终的分析样本包含4 107名受访者。此外，为了研究子女的婚姻质量如何在父母关系质量与子女晚年抑郁症状之间的关系中发挥作用，笔者筛选出一个子样本，其中包括3433名在2015年有配偶的受访者。

（二）变量测量

为了清楚地显示代际关系，本章的余下部分将受访者定义为第二代（简称“G2”），受访者的父母为第一代（简称“G1”），受访者的子女为第三代（简称“G3”）。

1. 因变量

因变量之一为晚年抑郁症状，即2015年G2的晚年CES-D得分。CHARLS的每一轮调查都使用含10个题目的CES-D量表来测量受访者的抑郁症状，这是一种适用于老年人的简化CES-D量表（Andresen, Malmgren, Carter, & Patrick, 1994）。该量表包括10个题目，要求受访者回忆上周的感受和行为。例如，受访者被问及感到孤独、愉快或恐惧等的频率，以及睡眠不好、被通常不会困扰他们的事情困扰、难以集中精力做事等的频率。对每个题目的回答均采用李克特4点量表表示频率，包括“很少或没有（＜1天）”“一些或少量（1—2天）”“偶尔（3—4天）”以及“大部分或全部（5—7天）”。在对积极情绪（包括感到愉快和充满希望）题目的答案进行反向编码后，对答案进行 0 至 3 计分，并将这 10 个题目的得分相加，获得抑郁水平（0—30），数值越大，代表抑郁症状越严重。此外，笔者还计算了每位受访者在 2013 年和 2015 年的 CES-D 分数。

因变量之二为晚年抑郁症状的变化，即 G2 晚年 CES-D 得分在 2015 年和 2013 年的差值。差值越大，表明抑郁症状加剧越严重。正值、负值和零值分别指抑郁症状升高、降低和不变。在 4107 名研究对象中，45.8% 的人在 2015 年的抑郁症状比 2013 年升高，43.4% 的人呈相反趋势，10.8% 的人保持不变。

2. 自变量

自变量为父母关系不睦，即在 G2 童年时 G1 夫妻关系不睦。CHARLS 生命历程调查要求受访者评估童年时期（即受访者 16 岁及以下时）父母之间的关系质量。回答包括“极好”“很好”“好”“一般”和“差”。笔者将前三类和后两类答案进行了合并。前者表示质量较好，编码为 0；后者表示质量较差，编码为 1。

3. 中介变量

中介变量之一是受访者童年时与父母的关系质量，即 G2 童年时 G1 与 G2 的关系质量。CHARLS 生命历程调查要求受访者评估其童年时期与女性和男性抚养人的关系质量。如前所述，由于本章的分析样本被限定为由父母双方抚养长大的儿童，因此抚养人特指母亲和父亲。回答包括“极好”“很好”“好”“一般”和“差”。根据既有研究（Zhang, Xu, Li, Liu, & Choi, 2020），笔者将最后两个类别合并，因为很少有受访者表示与父母的关系不好。将答案编码为从 1 到 4 的数字，数值越大表明 G1

和 G2 的母子或父子关系越好。然后，将母子关系和父子关系质量的评分取平均值（Cronbach's α=0.861），得出表示 G1 和 G2 关系质量的变量，范围从 1 到 4，数值越大表示 G1 和 G2 的亲子关系越好。

中介变量之二是童年遭受的身体虐待，即 G2 在童年时遭受来自 G1 的身体虐待。CHARLS 生命历程调查要求受访者回忆童年时女性和男性抚养人打他们的频率。回答包括“经常”“有时”“很少”和“从没有”。笔者对答案进行编码，从 1 到 4 表示频率从“从没有”到“经常”。然后将母亲和父亲实施身体虐待行为的得分取平均值（Cronbach's α=0.647），得到一个取值从 1 到 4 的变量，数值越大表示童年时遭受身体虐待越频繁。

中介变量之三是婚姻质量，即 G2 晚年时的夫妻关系质量。CHARLS2015 问及已婚受访者对其与配偶关系的满意程度。回答包括“完全满意”“非常满意”“比较满意”“不太满意”和“完全不满意”。对答案的编码从 1 表示“完全不满意”到 5 表示“完全满意”，数值越大代表婚姻越令人满意。

中介变量之四是与子女的关系质量，即 G2 晚年时与 G3 的关系质量。CHARLS2015 问及受访者对其与子女关系的满意度。对该问题的回答类别与对“婚姻质量”问题的回答类别相同。对答案的编码从 1 表示“完全不满意”到 5 表示“完全满意”，数值越大表示受访者与子女之间的关系越好。

4. 控制变量

为了尽量减少可能存在的遗漏变量偏误，笔者控制了一系列潜在的混淆因素。第 1 组控制变量是受访者童年时期的父母特征，包括受访者是否有继父或继母、父亲/母亲是否接受过至少1年的学校教育、父亲/母亲是否表现出持续两周或两周以上的悲伤或抑郁情绪、父亲/母亲的健康问题（即父亲/母亲是否曾因疾病卧床不起、是否有身体残疾、是否有精神障碍）、父亲/母亲是否酗酒、父亲/母亲是否有偏差行为（包括使用药物、赌博、打架斗殴、犯罪活动或被捕）。第2组控制变量包括受访者童年的社会经济地位，涉及受访者出生时是否拥有农业户口、童年时所在社区是否干净、主观家庭社会经济地位。第3组控制变量是受访者童年时的兄弟姐妹结构因素，包括兄弟人数、姐妹人数、受访者是否是长子，以及受访者是否是幼子。第4组控制变量是其他童年因素，如受访者的出生队列、出生地区和自评童年健康状况。第5组控制变量包括受访者的社会人口学特征，涉及受访者的性别、民族（即汉族与少数民族）、2015年的年龄、城乡居住地、受教育年限、55岁前最后一份工作的类型（农业工作或非农工作）、经济状况（即2015年人均家庭支出的四分位数）、婚姻状况（即2015年有配偶、丧偶或离婚）、居住格局（即2015年受访者是否与至少一名成年子女共同居住）和省份固定效应。第6组控制变量是受访者2015年的身体健康状况，包括日常生活活动能力（activities of daily living, ADL）和日常生活工具性活动能力（instrumental activities of daily living, IADL）困难程度，以及慢性病数量。

（二）实证方法

本章采用路径分析方法，将子女童年时父母关系不睦的总效应分解为直接效应和间接效应。路径模型包括多个路径方程：预测 G2 童年时 G1 和 G2 关系质量的方程、预测 G2 童年时 G1 对 G2 身体虐待的方程、预测 G2 晚年时与子女 G3 关系质量的方程，以及预测 G2 晚年抑郁症状或抑郁症状变化的方程。图 4-2、图 4-3、图 4-4 和图 4-5 报告了这些路径方程的结果。笔者在不同的路径方程中加入了不同的控制变量，以确保控制变量是内生变量的先决条件。附表 4-1 列出了每个路径方程的控制变量。在预测 CES-D 得分变化（即 2015 年 CES-D 得分减去 2013 年 CES-D 得分的差值）的路径方程中，控制了受访者 2013 年的 CES-D 得分。此外，为确保分析样本能够代表全国老年人口，本章使用了 CHARLS 2015 提供的截面数据个人抽样权重。

四、父母关系对子代心理健康的长期影响及其机制

（一）样本特征

表 4-1 展示了主要变量的描述性统计结果。2015 年的 CES-D 得分均值为 8.25 分，比 2013 年高出 0.35 分。有 27.54% 的样本表示，在童年时期，他们父母之间的关系不好。研究对象早年与父母的关系相对较好（均值 =2.73 分，1—4 分），童年时遭受父母身体虐待的频率较低（均值 =1.68 分，1—4 分）。此外，他们在晚年时与配偶（均值 =3.41 分，1—5 分）和子女（均值 =3.59 分，1—5 分）的关系也较为融洽。

表 4-1　主要变量的描述性统计

变量	均值 / 百分比	标准差	最小值	最大值
因变量				
2015 年 G2 晚年 CES-D 得分	8.25	6.46	0	30
G2 晚年 CES-D 得分的变化	0.35	5.65	−27	26
自变量				
G2 童年时 G1 的夫妻关系不睦	27.54	—	0	1
潜在中介变量				
G2 童年时 G1 和 G2 的关系质量	2.73	1.02	1	4
G2 童年时 G1 对 G2 的身体虐待	1.68	0.72	1	4
G2 晚年的夫妻关系质量	3.41	0.81	1	5
G2 晚年与 G3 的关系质量	3.59	0.74	1	5
控制变量				
继父 / 母	3.34	—	0	1
养父 / 母	1.34	—	0	1
父亲至少上过一年学	36.63	—	0	1
母亲至少上过一年学	7.18	—	0	1
父亲悲伤或抑郁	11.84	—	0	1
母亲悲伤或抑郁	19.18	—	0	1
父亲健康问题	0.12	0.37	0	3
母亲健康问题	0.18	0.44	0	3
父亲酗酒	6.24	—	0	1
母亲酗酒	0.56	—	0	1
父亲有偏差行为	2.93	—	0	1
母亲有偏差行为	0.53	—	0	1
出生时是农业户口	88.46	—	0	1

续表

变量	均值 / 百分比	标准差	最小值	最大值
童年时居住社区清洁	65.46	—	0	1
主观家庭社会经济地位	2.52	0.95	1	5
兄弟人数	1.98	1.38	0	10
姐妹人数	1.83	1.37	0	9
原生家庭中的长子	28.91	—	0	1
原生家庭中最小的孩子	15.06	—	0	1
出生队列				
1930—1939	9.11	—	0	1
1940—1949	42.53	—	0	1
1950—1955	48.36	—	0	1
自评童年健康状况	3.38	1.02	1	5
男性	49.69	—	0	1
汉族	93.61	—	0	1
年龄	66.89	5.56	60	85
居住于农村	59.10	—	0	1
受教育年限	5.03	4.01	0	19
55 岁前最后一份工作的类型				
农业工作	63.01	—	0	1
非农受雇工作	28.78	—	0	1
非农自雇工作	7.20	—	0	1
从未工作或家庭帮工	1.01	—	0	1
家庭消费情况				
第 1 四分位	19.90	—	0	1
第 2 四分位	18.12	—	0	1
第 3 四分位	16.97	—	0	1
第 4 四分位	15.27	—	0	1
未知	29.74	—	0	1
婚姻状况				
有配偶	83.48	—	0	1

续表

变量	均值 / 百分比	标准差	最小值	最大值
丧偶	15.75	—	0	1
离婚	0.77	—	0	1
至少与一名成年子女同住	48.67	—	0	1
ADL 困难程度	0.42	0.97	0	6
IADL 困难程度	0.46	0.99	0	5
慢性病数量				
无	24.45	—	0	1
1 种	26.62	—	0	1
2 种	22.77	—	0	1
3 种或更多	26.16	—	0	1

（二）全样本的分析结果

笔者首先分析了全样本——即无论受访者 2015 年时是否有配偶——的路径分析结果。图 4–2 展示了童年时父母间关系不睦与晚年抑郁症状水平之间关系的路径图以及这种关系下的潜在机制。根据图 4–2，附表 4–2 报告了重要的非标准化路径系数以及在 G2 童年时 G1 的夫妻关系不睦对 G2 晚年抑郁症状的直接、间接和总效应。笔者使用 Stata 的“nlcom”（非线性组合）命令对间接效应（中介效应）和总效应进行了显著性水平检验。根据附表 4–2 所示的总效应，童年时父母间关系较差的个体在晚年时的 CES–D 得分显著高出父母间关系较好的个体 0.913 分。如图 4–2 和附表 4–2 所示，除了 G1 和 G2 关系质量与 G2 晚年 CES–D 得分之间的关系，其余大多数关系都具有统计学意义。同时，即使不控制 G2 童年时 G1 对 G2 的身体虐待以及 G2 晚年时 G2 和 G3 的关系质量，也没有发现 G2 童年时 G1 和 G2 的关系质量与 G2 晚年时的 CES–D 得分之间具有显著关联。因此，G2 童年时 G1 和 G2 的关系质量不能在 G2 童年时 G1 的夫妻关系不睦与 G2 晚年抑郁症状之间发挥中介作用。此外，根据附表 4-2 的间接效应检验，G2 童年时 G1 对 G2 的身体虐待和 G2 晚年时 G2 和 G3 的关系质量都起到了显著的中介作用。G2 童年时受到的身体虐待和 G2 成年后与 G3 的紧张关系分别解释了 G1 的夫妻关系不睦对 G2 晚年抑郁症状总效应的 7.1% 和 31.8%。

接下来，笔者将图 4-2 路径图中的结果变量“2015 年 G2 的晚年 CES-D 得分”替换为图 4-3 中的“G2 晚年 CES-D 得分的变化”。同时，还在 G2 晚年 CES-D 得分变化的路径方程中控制了“G2 在 2013 年的 CES-D 得分”。根据附表 4-3 所示的总效应，童年时父母关系较差的个体在这两年中的 CES-D 得分增长了 0.581 分，明显快于童年时父母关系较好的个体。

对于图 4-3 中以 G2 童年时 G1 和 G2 的关系质量、G2 童年时 G1 对 G2 的身体虐待以及 G 晚年时 G2 和 G3 的关系质量为内生变量的方程，其非标准化路径系数与图 4-2 中的相同。此外，G2 童年时 G1 对 G2 的身体虐待、G2 晚年时 G2 和 G3 的关系质量与晚年 CES-D 分数的变化之间的关系均具有统计学意义。附表 4-3 中的间接效应检验表明，G2 童年时 G1 对 G2 的身体虐待和 G2 晚年时 G2 和 G3 的关系质量在 G2 童年时 G1 的夫妻关系不睦与 G2 晚年抑郁症状变化之间起到显著的中介作用。在 G2 童年时 G1 的夫妻关系不睦对 G2 晚年抑郁症状变化的总效应中，由 G2 在童年时遭受的身体虐待和 G2 成年后与 G3 关系紧张所解释的比例分别为 8.8% 和 37.0%。

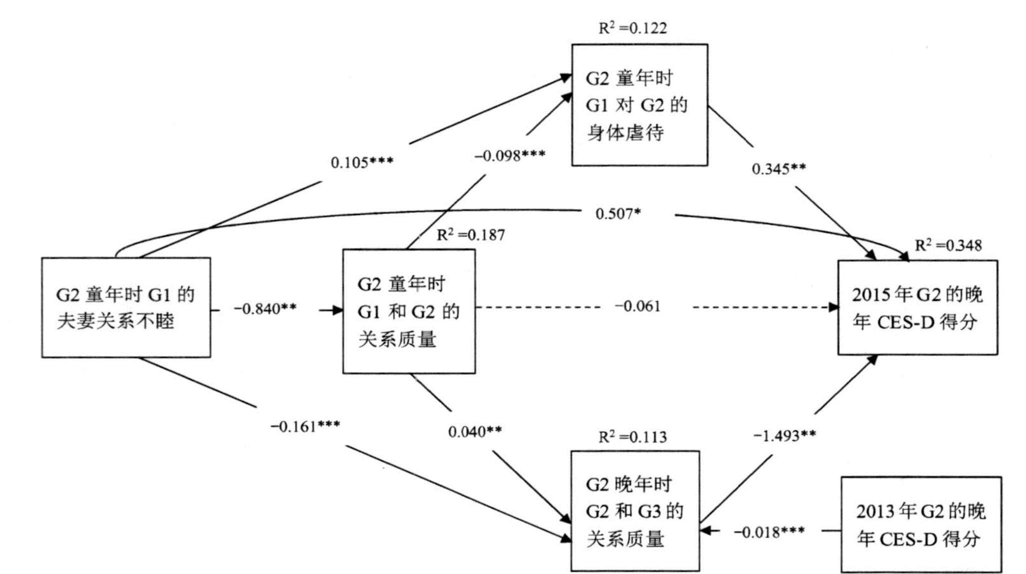

图 4−2　童年时父母关系不睦与晚年抑郁症状之间关系的路径图（全样本，*N*=4 107）

注：（1）“G1” = 第一代，“G2” = 第二代，“G3” = 第三代；（2）图中展示的是非标准化路径系数。（3）虚线代表系数不显著异于 0 的路径；（4）$^{*}p < 0.05$，$^{**}p < 0.01$，$^{***}p < 0.001$（双侧检验）。下同。

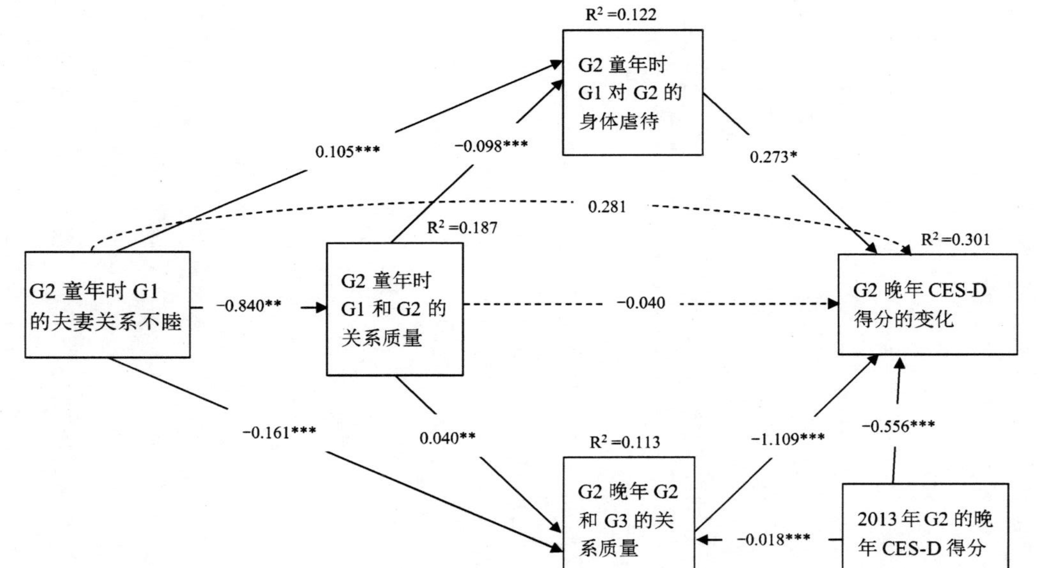

图 4-3　童年时父母关系不睦与晚年抑郁症状变化之间关系的路径图（全样本，*N*=4 107）

（三）有配偶子样本的分析结果

为了研究成年后的婚姻质量是否在童年时父母关系不睦与晚年抑郁症状之间的关系，本小节剔除了本人没有配偶（丧偶或离婚）的个案，从而得到一个有配偶子样本（N=3 433）。如图 4-4 所示，G2 童年时 G1 的夫妻关系不睦与 G2 晚年夫妻关系质量之间的关系、G2 晚年夫妻关系质量与 G2 晚年 CES-D 得分之间的关系均具有统计学意义。因此，G2 晚年的夫妻关系质量能够在 G2 童年时 G1 的夫妻关系不睦与 G2 晚年 CES-D 得分之间起到中介作用。附表 4-4 中的间接效应检验进一步验证了 G2 晚年夫妻关系质量的中介作用。在 G1 的夫妻关系不睦对 G2 晚年抑郁症状的总效应中，通过 G2 夫妻关系质量产生的间接效应占 22.8%。同时，G2 晚年的夫妻关系质量也在 G2 童年时 G1 的夫妻关系不睦与 G2 晚年 CES-D 得分变化之间起到中介作用（见图 4-5 和附表 4-5）。G2 夫妻关系质量解释了 G1 的夫妻关系不睦对 G2 晚年抑郁症状变化的总效应的 29.3%。

五、本章小结

本章探讨了子女晚年心理健康是否受到子女童年时父母关系质量的影响，并揭示了其机制。研究结果显示，子女童年时父母关系不睦与子女晚年抑郁症状之间呈显著的正相关关系。以往研究表明，父母关系不和谐的青少年更容易出现严重的抑郁症状（Li et al., 2020），本章将该发现进一步延伸，指出父母关系质量对子女抑郁症状具有长期影响。

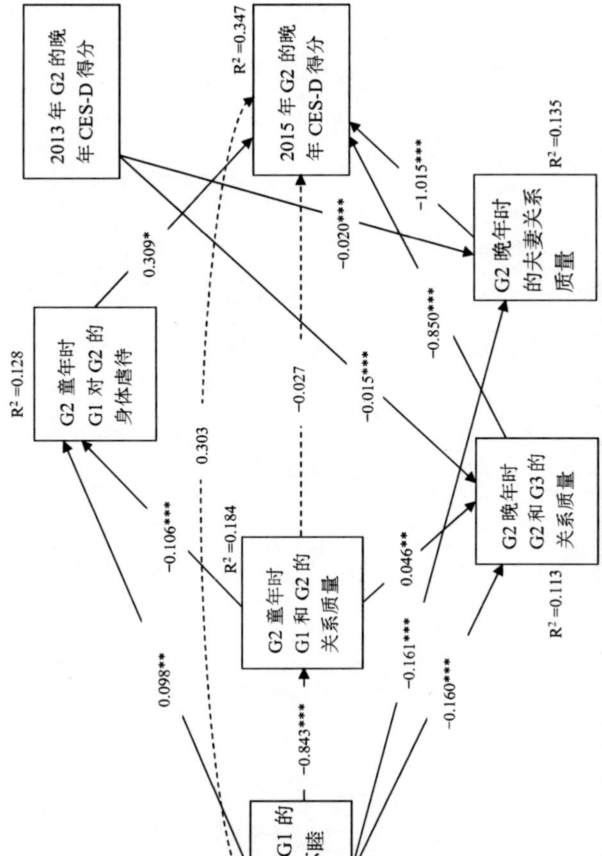

G2 童年时 G1 的夫妻关系不睦
G2 童年时 G1 对 G2 的身体虐待
R^2 =0.128
G2 童年时 G1 和 G2 的关系质量
R^2 =0.184
2013 年 G2 的晚年 CES-D 得分
2015 年 G2 的晚年 CES-D 得分
R^2 =0.347
G2 晚年时 G2 和 G3 的关系质量
R^2 =0.113
G2 晚年时的夫妻关系质量
R^2 =0.135
0.098**
−0.843***
−0.161***
−0.160***
−0.106***
0.303
−0.027
0.046**
0.309*
−0.015***
−0.020***
−0.850***
−1.015***

图 4-4　童年时父母关系不睦与晚年抑郁症状之间关系的路径图（有配偶子样本，*N*=3 433）

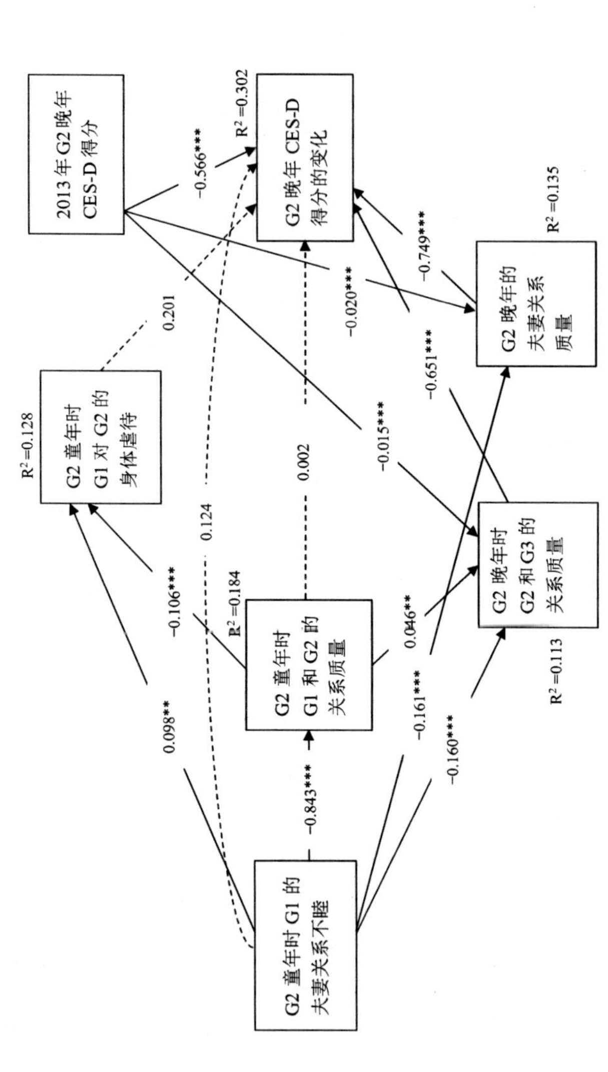

图 4−5　童年时父母关系不睦与晚年抑郁症状变化之间关系的路径图（有配偶子样本，*N*=3 433）

本章的研究结果支持了情感安全假说，因为童年遭受来自父母的身体虐待在子女童年时父母关系质量和子女晚年抑郁症状之间发挥了一定的中介作用。具体而言，父母关系不睦会降低亲子关系质量，增加父母对儿童的身体虐待；而更多的童年身体虐待会进一步导致子女晚年抑郁症状的水平更高、增长更快。本章关于童年身体虐待与晚年抑郁症状之间关系的发现与已有文献一致。以往研究指出，童年身体虐待会增加晚年抑郁的风险，其影响甚至比心理虐待和性虐待更强（Comijs et al., 2013）。然而，与之前研究发现不同的是，本章没有发现子女童年时与父母的关系质量和子女晚年的心理健康之间具有显著的直接关系。已有研究基于英国数据指出，子女童年时亲子关系质量与子女晚年早期的心理健康之间呈显著正相关（Stafford et al., 2016）。但值得注意的是，上述研究对亲子关系的测量，如父母的照料和心理控制等，比本章使用的亲子关系质量总体评分更接近于养育行为。因此，有可能是父母养育过程中的具体有害做法，而不是一般化的关系质量，对子女的心理健康产生了长期影响。

同时，本章的研究结论基本支持了社会学习假说。本章发现，子女童年时父母关系不睦可能导致子女成年后与其配偶、子女的不和谐关系，进而加重了子女的晚年抑郁症状。以往研究表明，家庭关系质量的代际传递可部分归因于早年的社会化经历，这可能是因为儿童和青少年会模仿父母的人际交往技巧和风格（Sarrazin & Cyr, 2007）。在西方国家，家庭关系质量的代际传递已被充分验证（Amato & Booth, 2001; Feng et al., 1999; Hank et al., 2017; Jarnecke & South, 2013），本章证实家庭关系质量的代际传递在中国也是成立的。与以往研究（Q. Wang et al., 2014; Y. Wang et al., 2020）的发现一致，低质量的婚姻和亲子关系会加剧抑郁症状。此外，我们没有发现任何证据表明，成年后的社会经济地位（如受教育年限）是早期接触不良亲子关系与晚年抑郁症状之间关系的中介因素。具体而言，父母关系不睦并没有显著缩短其子女的受教育年限，这可能是因为这些出生于1930年至1955年的受访者学历普遍较低。

本研究有以下三个优点。第一，据笔者所知，本研究是首个使用包含全国代表性样本的数据来分析子女童年时父母关系质量与子女晚年抑郁症状之间长期关系的研究。第二，中介分析厘清了子女童年时父母关系不睦对子女心理健康形成长期负面影响的渠道，从而有助于制定健康干预政策。据此，政府可以采取有效措施——如要求社工对父母间冲突尖锐的儿童进行例行家访，部分收回施暴父母的监护权等——防止父母因婚姻问题发展出针对儿童的家庭暴力行为；同时，童年时父母关系不睦的人应当从原生家庭以外学习更多积极的人际交往技巧，以改善成年后与其配偶和子女的关系。第三，本章利用追踪数据提高了分析结果的可靠性。一方面，笔者不仅构建了预测抑郁症状水平的回归模型，还构建了预测抑郁症状变化的回归模型，从而为分析引入了动态视角；另一方面，预测抑郁症状变化的回归模型控制了前一期数据的CES-D得分，这有助于减少因人格特质等未观察到的混淆因素导致的遗漏变量偏误。

当然，本研究也存在一些局限性。首先，CHARLS

的受访者对童年时父母关系质量的回答是回顾性的，由于时间久远，他们的回忆可能并不准确。其次，对人际关系质量的评价可能会因每个人的心理因素（如调查时的情绪）而有所不同。通过控制前一期的内生变量，能够在一定程度上减小、但可能无法根除上述潜在偏误。最后，CHARLS 只将子女在童年时遭受的身体虐待作为衡量父母不良养育行为的变量，而未考虑其他类型的不良养育行为（如父母的心理控制）。不过，笔者在分析过程中发现，在子女童年时父母关系不睦与子女晚年抑郁症状之间的关系中，父母缺乏关爱表达并不是一个具有统计学意义的中介因素。研究者可以在未来的研究中使用更丰富的数据，考察更加多元化的养育实践是否在其中发挥了中介作用。

参考文献

[1] Amato, Paul R., & Booth, Alan. (2001). The Legacy of Parents' Marital Discord: Consequences for Children's Marital Quality. *Journal of Personality and Social Psychology*, 81(4), 627.

[2] Andresen, Elena M., Malmgren, Judith A., Carter, William B., & Patrick, Donald L. (1994). Screening for Depression in Well Older Adults: Evaluation of a Short Form of the CES−D.*American Journal of Preventive Medicine*, 10(2), 77−84.

[3] Angelini, Viola, Howdon, Daniel D. H., & Mierau, Jochen O. (2018). Childhood Socioeconomic Status and Late-Adulthood Mental Health: Results From the Survey on Health, Ageing and Retirement in Europe. *The Journals of Gerontology*: *Series B*, 74(1), 95−104.

[4] Birditt, Kira S., Tighe, Lauren A., Fingerman, Karen L., & Zarit, Steven H. (2012). Intergenerational Relationship Quality Across Three Generations. *The Journals of Gerontology*: *Series B*, 67(5), 627−638.

[5] Comijs, Hannie C., van Exel, Eric, van der Mast, Roos C., Paauw, Anna, Oude Voshaar, Richard, & Stek, Max L. (2013). Childhood Abuse in Late-Life Depression. *Journal of Affective Disorders*, 147(1), 241−246.

[6] Cox, Martha J., & Paley, Blair. (1997). Families as Systems. *Annual Review of Psychology*, 48(1), 243−267.

[7] Cox, Martha J., & Paley, Blair. (2003). Understanding Families as Systems. *Current Directions in Psychological Science*, 12(5), 193−196.

[8] Davies, Patrick T., & Cummings, E. Mark. (1994). Marital Conflict and Child Adjustment: An Emotional Security Hypothesis. *Psychological Bulletin*, 116(3), 387.

[8] Elovainio, Marko, Pulkki-Råback, Laura, Jokela, Markus, Kivimäki, Mika, Hintsanen, Mirka, Hintsa, Taina, Keltikangas-Järvinen, Liisa. (2012). Socioeconomic Status and the Development of Depressive Symptoms from Childhood to Adulthood: A Longitudinal Analysis across 27 Years of Follow-Up in The Young Finns Study. *Social Science & Medicine*, 74(6), 923−929.

[9] Feng, Du, Giarrusso, Roseann, Bengtson, Vern L., & Frye, Nancy. (1999). Intergenerational Transmission of Marital Quality and Marital Instability. *Journal of Marriage and Family*, 61(2), 451−463.

[10] Gilman, Stephen E., Kawachi, Ichiro, Fitzmaurice, Garrett M, & Buka, Stephen L. (2002). Socioeconomic Status in Childhood and the Lifetime Risk of Major Depression. *International Journal of Epidemiology*, 31(2), 359−367.

[11]Goldberg, Julia S., & Carlson, Marcia J. (2014). Parents' Relationship Quality and Children's Behavior in Stable Married and Cohabiting Families. *Journal of Marriage and Family*, 76(4), 762−777.

[12] Goosby, Bridget J. (2013). Early Life Course Pathways of Adult Depression and Chronic Pain. *Journal of Health and Social Behavior*, 54(1), 75−91.

[13] Hank, Karsten, Salzburger, Veronika, & Silverstein, Merril. (2017). Intergenerational Transmission of Parent-Child Relationship Quality: Evidence from A Multi-Actor Survey. *Social Science Research*, 67, 129−137.

[14] Hayward, Mark D., & Gorman, Bridget K. (2004). The Long Arm of Childhood: The Influence of Early-Life Social Conditions on Men's Mortality. *Demography*, 41(1), 87−107.

[15] Jarnecke, Amber M., & South, Susan C. (2013). Attachment Orientations as Mediators in the Intergenerational Transmission of Marital Satisfaction. *Journal of Family Psychology*, 27(4), 550.

[16] Li, Chunkai, Jiang, Shan, Fan, Xiaoyan, & Zhang, Qiunv. (2020). Exploring the Impact of Marital Relationship on the Mental Health of Children: Does Parent-Child Relationship Matter? *Journal of Health Psychology*, 25(10−11), 1669−1680.

[17] O'Keefe, Maura. (1995). Predictors of Child Abuse in Maritally Violent Families. *Journal of Interpersonal Violence*, 10(1), 3−25.

[18] Perren, Sonja, Von Wyl, Agnes, Bürgin, Dieter, Simoni, Heidi, & Von Klitzing, Kai. (2005). Intergenerational Transmission of Marital Quality across the Transition to Parenthood. *Family Process*, 44(4), 441−459.

[19] Saarinen, Aino, Keltikangas-Järvinen, Liisa, Dobewall, Henrik, Ahola-Olli, Ari, Salmi, Marko, Lehtimäki, Terho,...Hintsanen, Mirka. (2021). Risky Emotional Family Environment in Childhood and Depression-Related Cytokines in Adulthood: The Protective Role of Compassion. *Developmental Psychobiology*, 63(5), 1190−1201.

[20] Sarrazin, Janie, & Cyr, Francine. (2007). Parental Conflicts and Their Damaging Effects on Children. *Journal of Divorce & Remarriage*, 47(1−2), 77−93.

[21] Schoppe-Sullivan, Sarah J., Schermerhorn, Alice C., & Cummings, E. Mark. (2007). Marital Conflict and Children's Adjustment: Evaluation of the Parenting Process Model. *Journal of Marriage and Family*, 69(5), 1118−1134.

[22] Stafford, Mai, Kuh, Diana L., Gale, Catharine R., Mishra, Gita, & Richards, Marcus. (2016). Parent–Child Relationships and Offspring's Positive Mental Wellbeing from Adolescence to Early Older Age. *The Journal of Positive Psychology*, 11(3), 326−337.

[23] Story, Lisa B, Karney, Benjamin R, Lawrence, Erika, & Bradbury, Thomas N. (2004). Interpersonal Mediators in the Intergenerational Transmission of Marital Dysfunction. *Journal of Family Psychology*, 18(3), 519.

[24] Tani, Yukako, Fujiwara, Takeo, Kondo, Naoki, Noma, Hisashi, Sasaki, Yuri, & Kondo, Katsunori. (2016). Childhood Socioeconomic Status and Onset of Depression among Japanese Older Adults: The JAGES Prospective

Cohort Study. *The American Journal of Geriatric Psychiatry*, 24(9), 717–726.

[25] Taylor, Shelley E., Way, Baldwin M., Welch, William T., Hilmert, Clayton J., Lehman, Barbara J., & Eisenberger, Naomi I. (2006). Early Family Environment, Current Adversity, the Serotonin Transporter Promoter Polymorphism, and Depressive Symptomatology. *Biological Psychiatry*, 60(7), 671–676.

[26] Wang, Qianrong, Wang, Dahua, Li, Chunhua, & Miller, Richard B. (2014). Marital Satisfaction and Depressive Symptoms Among Chinese Older Couples. *Aging & Mental Health*, 18(1), 11–18.

[27] Wang, Yan, Zhang, Jinfeng, Wang, Bin, & Fu, Haojie. (2020). Social Support from Adult Children, Parent-Child Relationship, Emotion Regulation Strategy, and Depressive Symptoms Among Chinese Older Adults. *Research on Aging*, 42(9-10), 281–290.

[28] Xiao, Bowen, Bullock, Amanda, Liu, Junsheng, & Coplan, Robert J. (2022). The Longitudinal Links Between Marital Conflict and Chinese Children's Internalizing Problems In Mainland China: Mediating Role Of Maternal Parenting Styles. *Family Process*, 61(4), 1749–1766.

[29] Ying, Liuhua, Zhou, Huayi, Yu, Shasha, Chen, Chuansheng, Jia, Xuji, Wang, Yanli, & Lin, Chongde. (2018). Parent-Child Communication and Self-Esteem Mediate the Relationship Between Interparental Conflict and Children's Depressive Symptoms. *Child: Care, Health and Development*,

44(6), 908−915.

[30] Zhang, Zhenmei, Xu, Hongwei, Li, Lydia W, Liu, Jinyu, & Choi, Seung-won Emily. (2020). Social Relationships in Early Life and Episodic Memory in Mid- and Late Life. *The Journals of Gerontology*: *Series B*, 76(10), 2121−2130.

附表 4-1　不同内生变量路径方程中包含的控制变量

内生变量	控制变量
G2 童年时 G1 和 G2 的关系质量	父母特征、童年社会经济地位、兄弟姐妹结构、出生队列、城乡、性别、民族
G2 童年时 G1 对 G2 的身体虐待	父母特征、童年社会经济地位、兄弟姐妹结构、出生队列、城乡、性别、民族
G2 晚年时的夫妻关系质量	父母特征、童年社会经济地位、兄弟姐妹结构、社会人口学特征、童年健康自评、身体健康水平、2013 年 CES-D 得分
G2 晚年时 G2 和 G3 的关系质量	父母特征、童年社会经济地位、兄弟姐妹结构、社会人口学特征、童年健康自评、身体健康水平、2013 年 CES-D 得分
2015 年 G2 的晚年 CES-D 得分	父母特征、童年社会经济地位、兄弟姐妹结构、社会人口学特征、童年健康自评、身体健康水平
G2 晚年时 CES-D 得分的变化	父母特征、童年社会经济地位、兄弟姐妹结构、社会人口学特征、童年健康自评、身体健康水平、2013 年 CES-D 得分

附表 4-2　童年时父母关系不睦对晚年 CES-D 得分总效应的分解

（全样本，*N*=4 107）

路径	非标准化路径系数（稳健标准误）
G2 童年时 G1 的夫妻关系不睦→ G2 童年时 G1 和 G2 的关系质量（*a*）	−0.840*** （0.039）
G2 童年时 G1 的夫妻关系不睦→ G2 童年时 G1 对 G2 的身体虐待（*b*）	0.105*** （0.030）
G2 童年时 G1 的夫妻关系不睦→ G2 晚年时 G2 和 G3 的关系质量（*c*）	−0.161*** （0.035）
G2 童年时 G1 和 G2 的关系质量→ G2 童年时 G1 对 G2 的身体虐待（*d*）	−0.098*** （0.014）

续表

路径	非标准化路径系数（稳健标准误）
G2 童年时 G1 和 G2 的关系质量→ G2 晚年时 G2 和 G3 的关系质量（*e*）	0.040** （0.013）
G2 童年时 G1 和 G2 的关系质量→ 2015 年 G2 的晚年 CES-D 得分（*f*）	−0.061 （0.096）
G2 童年时 G1 对 G2 的身体虐待→ 2015 年 G2 的晚年 CES-D 得分（*g*）	0.345** （0.133）
G2 晚年时 G2 和 G3 的关系质量→ 2015 年 G2 的晚年 CES-D 得分（*h*）	−1.493*** （0.126）
间接效应	
通过“G2 童年时 G1 对 G2 的身体虐待”（即 $a\times d\times g+b\times g$）产生的间接效应	0.065* （0.027）
通过“G2 晚年时 G2 和 G3 的关系质量”（即 $a\times e\times h+c\times h$）产生的间接效应	0.290*** （0.055）
通过“G2 童年时 G1 和 G2 的关系质量”（即 $a\times f$）产生的间接效应	0.051 （0.081）
直接效应	
G2 童年时 G1 的夫妻关系不睦→ 2015 年 G2 的晚年 CES-D 得分	0.507* （0.219）
总效应（即直接效应 + 间接效应）	0.913*** （0.212）

注：*$p < 0.05$，**$p < 0.01$，***$p < 0.001$（双侧检验）。下同。

附表 4-3 童年时父母关系不睦对晚年 CES-D 得分变化总效应的分解

（全样本，*N*=4 107）

路径	非标准化路径系数（稳健标准误）
G2 童年时 G1 的夫妻关系不睦→ G2 童年时 G1 和 G2 的关系质量（*a*）	−0.840*** （0.039）

续表

路径	非标准化路径系数（稳健标准误）
G2 童年时 G1 的夫妻关系不睦→ G2 童年时 G1 对 G2 的身体虐待（*b*）	0.105*** （0.030）
G2 童年时 G1 的夫妻关系不睦→ G2 晚年时 G2 和 G3 的关系质量（*c*）	−0.161*** （0.035）
G2 童年时 G1 和 G2 的关系质量→ G2 童年时 G1 对 G2 的身体虐待（*d*）	−0.098*** （0.014）
G2 童年时 G1 和 G2 的关系质量→ G2 晚年时 G2 和 G3 的关系质量（*e*）	0.040** （0.013）
G2 童年时 G1 和 G2 的关系质量→ G2 晚年 CES−D 得分变化（*f*）	−0.040 （0.086）
G2 童年时 G1 对 G2 的身体虐待→ G2 晚年 CES−D 得分变化（*g*）	0.273* （0.121）
G2 晚年时 G2 与 G3 的关系质量→ G2 晚年 CES−D 得分变化（*h*）	−1.109*** （0.116）
间接效应	
通过“G2 童年时 G1 对 G2 的身体虐待”（即 $a \times d \times g + b \times g$）产生的间接效应	0.051* （0.024）
通过“G2 晚年时 G2 和 G3 的关系质量”（即 $a \times e \times h + c \times h$）产生的间接效应	0.215*** （0.044）
通过“G2 童年时 G1 和 G2 的关系质量”（即 $a \times f$）产生的间接效应	0.034 （0.073）
直接效应	
G2 童年时 G1 的夫妻关系不睦→ G2 晚年 CES−D 得分变化	0.281 （0.198）
总效应（即直接效应 + 间接效应）	0.581** （0.195）

附表 4-4　童年时父母关系不睦对晚年 CES-D 得分总效应的分解

（有配偶子样本，N=3 433）

路径	非标准化路径系数（稳健标准误）
G2 童年时 G1 的夫妻关系不睦→G2 童年时 G1 和 G2 的关系质量（a）	−0.843*** （0.042）
G2 童年时 G1 的夫妻关系不睦→G2 童年时 G1 对 G2 的身体虐待（b）	0.098** （0.033）
G2 童年时 G1 的夫妻关系不睦→G2 晚年时 G2 和 G3 的关系质量（c）	−0.160*** （0.038）
G2 童年时 G1 和 G2 的关系质量→G2 童年时 G1 对 G2 的身体虐待（d）	−0.106*** （0.015）
G2 童年时 G1 和 G2 的关系质量→G2 晚年时 G2 和 G3 的关系质量（e）	0.046** （0.014）
G2 童年时 G1 和 G2 的关系质量→2015 年 G2 的晚年 CES-D 得分（f）	−0.027 （0.102）
G2 童年时 G1 对 G2 的身体虐待→2015 年 G2 的晚年 CES-D 得分（g）	0.309* （0.142）
G2 晚年时 G2 和 G3 的关系质量→2015 年 G2 的晚年 CES-D 得分（h）	−0.850*** （0.149）
G2 童年时 G1 的夫妻关系不睦→G2 晚年夫妻关系质量（i）	−0.161*** （0.036）
G2 晚年夫妻关系质量→2015 年 G2 晚年 CES-D 得分（j）	−1.015*** （0.140）
间接效应	
通过“G2 童年时 G1 对 G2 的身体虐待”（即 $a\times d\times g+b\times g$）产生的间接效应	0.058* （0.028）
通过“G2 晚年时 G2 和 G3 的关系质量“（即 $a\times e\times h+c\times h$）产生的间接效应	0.169*** （0.042）
通过“G2 晚年的夫妻关系质量”（即 $i\times j$）产生的间接效应	0.163*** （0.042）

续表

路径	非标准化路径系数（稳健标准误）
通过“G2 童年时 G1 和 G2 的关系质量”（即 $a \times f$）产生的间接效应	0.023 （0.086）
直接效应	
G2 童年时 G1 的夫妻关系不睦→ 2015 年 G2 的晚年 CES-D 得分	0.303 （0.230）
总效应（即直接效应 + 间接效应）	0.716** （0.223）

附表 4-5　童年时父母关系不睦对晚年 CES-D 得分变化总效应的分解

（有配偶子样本，N=3 433）

路径	非标准化路径系数（稳健标准误）
G2 童年时 G1 的夫妻关系不睦→ G2 童年时 G1 和 G2 的关系质量（a）	−0.843*** （0.042）
G2 童年时 G1 的夫妻关系不睦→ G2 童年时 G1 对 G2 的身体虐待（b）	0.098** （0.033）
G2 童年时 G1 的夫妻关系不睦→ G2 晚年时 G2 和 G3 的关系质量（c）	−0.160*** （0.038）
G2 童年时 G1 和 G2 的关系质量→ G2 童年时 G1 对 G2 的身体虐待（d）	−0.106*** （0.015）
G2 童年时 G1 和 G2 的关系质量→ G2 晚年时 G2 和 G3 的关系质量（e）	0.046** （0.014）
G2 童年时 G1 和 G2 的关系质量→ G2 晚年 CES-D 得分变化（f）	0.002 （0.092）
G2 童年时 G1 对 G2 的身体虐待→ G2 晚年 CES-D 得分变化（g）	0.201 （0.129）
G2 晚年时 G2 与 G3 的关系质量→ G2 晚年 CES-D 得分变化（h）	−0.651*** （0.136）

续表

路径	非标准化路径系数（稳健标准误）
G2 童年时 G1 的夫妻关系不睦→ G2 晚年夫妻关系质量（i）	−0.161*** （0.036）
G2 晚年夫妻关系质量→ 2015 年 G2 晚年 CES-D 得分变化（j）	−0.749*** （0.129）
间接效应	
通过“G2 童年时 G1 对 G2 的身体虐待”（即 $a\times d\times g+b\times g$）产生的间接效应	0.038 （0.025）
通过“G2 晚年时 G2 和 G3 的关系质量“（即 $a\times e\times h+c\times h$）产生的间接效应	0.130*** （0.036）
通过“G2 晚年的夫妻关系质量”（即 $i\times j$）产生的间接效应	0.120*** （0.034）
通过“G2 童年时 G1 和 G2 的关系质量”（即 $a\times f$）产生的间接效应	−0.001 （0.077）
直接效应	
G2 童年时 G1 的夫妻关系不睦→ G2 晚年 CES-D 得分变化	0.124 （0.210）
总效应（即直接效应 + 间接效应）	0.410* （0.206）

第五章 “数字鸿沟”与认知功能老化：晚年互联网使用与认知功能之间的双向关系研究

一、研究背景

随着无线局域网技术和移动互联网技术的发展和普及，中国网民的规模持续上升。截至 2023 年 12 月，我国网民规模达 10.92 亿人，互联网普及率达 77.5%，其中 50 岁及以上网民群体占比为 32.5%，60 岁及以上网民群体占比为 15.6%，比上一年度均有所增长，这说明互联网进一步向中老年人渗透（中国互联网络信息中心，2024）。从宏观角度看，自 1994 年中国接入互联网以来，大批中国人成为互联网用户是一个循序渐进的过程；从微观角度看，个人从非网民变为网民可视为一个生命事件。当然，即使在互联网日益普及的今天，老年群体中的网民占比仍然偏低，在老年网民和非网民之间横亘着三道“银发数字鸿沟”：其一是“接入沟”，即部分老年人缺少互联网接入设备，根本没有成为网民的机会；其二是“使用沟”，即老年网民在互联网使用技能、频率等

方面存在差异，一些老年人仅能使用相对简单的互联网功能，或是仅在特定情境下才使用互联网，因此上网并未真正成为他们日常生活的一部分；其三是“收益沟”，即老年网民可能通过互联网获得经济、健康、社交等方面的收益，而老年非网民难以通过其他方式来消弭这种收益差距。

与健康相关的“银发数字鸿沟”问题日益受到学界重视。例如，互联网使用对晚年认知健康的影响越来越受到关注。虽然以往有研究对该问题进行了分析和解答，但这些研究存在明显不足。首先，关于互联网使用与晚年认知功能之间相互影响的研究结论不一致。近期研究发现，互联网使用与晚年认知功能之间在截面数据中呈正相关关系（Ying Li, Han, & Hu, 2022; Yunjun Li, Bai, & Chen, 2022），或互联网使用变化与认知功能变化之间存在同步相关关系（Kim & Han, 2021; X. Yu, Mu, Wu, & Zhou, 2022）。然而，由于无法厘清互联网使用和认知功能的先后顺序，上述研究都忽略了潜在的双向因果关系。卡明和朗（Kamin & Lang, 2020）率先采用交叉滞后面板模型（cross-lagged panel model，CLPM）来处理反向因果问题，并发现互联网使用与欧洲老年人的认知功能之间存在双向关系。具体而言，互联网使用与后续认知功能呈正相关，认知功能与后续互联网使用也呈正相关。与之类似，有研究在中国老年人中也发现了同样的双向关系（Yu & Fiebig, 2020）。然而，一些针对美国老年人的研究只发现了互联网使用与后续认知功能之间的单向关系（Choi, Wisniewski, & Zelinski, 2021），或发现互联网使用与情景记忆能力之间没有任何关系（Hartanto et al., 2020）。更重要的是，学界对互联网使用与认知功能之间潜在双向关系的机制仍缺乏系统、深入的理解。大多数关于互联网使用与认知功能之间相互影响的研究都没有对机制进行分析。卡明等人（Kamin, Seifert, & Lang, 2021）的研究是一个例外，该研究认为，欧洲老年人参加的休闲活动（包括社交、体育和认知活动）数量是其使用互联网与后续认知功能之间的中介因素。然而，卡明等（Kamin et al., 2021）未能发现认知功能影响后续互联网使用的渠道。

为了填补这些研究空白，本章利用“中国健康与养老追踪调查”（CHARLS）数据开展研究。具体而言，本章采用了包含平行中介变量（parallel mediators）的交叉滞后面板模型来揭示中国老年人互联网使用与认知功能之间互为因果关系的内在机制。笔者将社会参与和抑郁症状作为潜在的中介因素进行检验。

二、理论基础与研究假设

社会因果论和健康选择论可以让我们从相反的方向理解互联网使用与认知功能之间的关系（Cotten, 2021）。从社会因果论的视角来看，互联网使用可能有助于保护认知健康，因为互联网使用能够使人们保持与多种资源的接触，这些资源可以直接刺激认知功能（如通过文本和图像信息）或是间接促进认知益处的积累（如通过社会联结）。而从健康选择论的角度来看，互联网使用与认知功能之间的相关性可能反映了认知能力较差的个体由于认知限制阻碍了互联网使用行为，或是因无法接触某些资源而没有使用互联网。在社会因果论和健康选择论的框架下，一些实证研究验证了互联网使用与晚年认

知功能之间的双向正相关关系（Kamin & Lang, 2020; Kamin et al., 2021; Yu & Fiebig, 2020），而另一些研究则没有验证（Choi et al., 2021; Hartanto et al., 2020）。

如前文所述，从社会因果论和健康选择论可以推论出，互联网使用和认知功能之间可能会直接或间接地相互影响。此外，认知增益假说（cognitive enrichment hypothesis）和认知限制假说（cognitive limits hypothesis）可以解释互联网使用和晚年认知功能之间为何会直接相互影响。认知增益假说认为，学习新知识和新技能以及参与具有认知挑战性的活动可以延缓认知衰退的进程（Hertzog, Kramer, Wilson, & Lindenberger, 2008）。换言之，使用互联网是一种有助于维持和调动认知储备的认知刺激活动，即使大脑结构因年龄或疾病而发生变化，其认知功能也不易表现出剧烈的减退（Ihle, Bavelier, Maurer, Oris, & Kliegel, 2020）。根据认知限制假说，就认知功能对互联网使用的影响而言，认知受损会立即阻碍人们学习使用或继续使用互联网（Chopik, Rikard, & Cotten, 2017）。基于上述理论观点，笔者提出如下假设。

假设 1：即使考虑到潜在的中介因素，互联网使用与后续认知功能也呈直接正相关。同时，认知功能与后续互联网使用也呈直接正相关。

除了互联网使用与认知功能之间的直接相互影响，可能还有一些间接途径来实现二者的关联。本章关注的第一个潜在中介因素是社会参与。尽管一些学者担心互联网的普及会加剧社会区隔（Turkle, 2011），但不少证据都表明，互联网使用增加了老年人的线上和线下人际互动，使他们能够持续地融入社会。例如，有研究发现，美国芝加哥老年人的互联网使用与社会参与（如探亲访友、志愿服务、参加宗教活动等）之间呈正相关关系（Ihm & Hsieh, 2015）。在中国，微信和微博等网络社交媒体为个人维持社会连结提供了便利。在中国老年人中，互联网用户比非用户参与更多的线下社交活动（Jing, Jin, Guo, Zhang, & Li, 2023）。同时，社会参与也有益于认知功能。张振梅等（Zhang, Xu, Li, Liu, & Choi, 2020）发现，即使考虑到基线认知功能的差异，中国老年人的社会参与和后续认知功能之间仍呈正相关。因此，笔者提出以下假设。

假设 2：社会参与是互联网使用与后续认知功能之间的中介因素。互联网使用增加了老年人与朋友接触和参与群体活动的机会，进而有利于其认知功能。

如果以社会参与为渠道，认知功能与后续互联网使用之间也可能存在关联。因为社会参与需要以相对良好的认知功能为前提；反之，认知障碍可能会限制社会参与。此外，在当今中国，社交活跃的老年人更倾向于使用微信等网络社交媒体，而不是打电话，因为前者具有成本低、方便快捷的优势。因此，笔者提出以下假设。

假设 3：社会参与是认知功能与后续互联网使用之间的中介因素。认知功能越好的人越有可能与朋友接触和参与群体活动，从而越有可能成为互联网用户。

本章以抑郁症状作为互联网使用和认知功能之间相互影响的第二个潜在中介因素。有研究指出，在 50 岁及以上的美国人中，即使考虑到他们曾经的心理健康状况，互联网用户陷入抑郁的可能性也显著低于非用户；同时，生活在小家庭中的人通过互联网获得的心理健康收益更高，这表明减少社会区隔是一个可能的渠道（Cotten, Ford, Ford, & Hale, 2014）。还有研究显示，中国老年人使用互联网（尤其是线上娱乐）与抑郁症状之间呈负相关关系（Yang et al., 2021）。至于抑郁症状对认知功能的影响，一些研究已证明抑郁症状和后续认知功能之间的负相关关系（Zainal & Newman, 2021），本书的第二章也验证了这一点。因此，笔者提出以下假设。

假设4：抑郁症状是互联网使用与后续认知功能之间的中介因素。与不使用互联网的人相比，互联网使用者的抑郁症状更少，从而有益于认知功能。

抑郁症状也可能是认知功能和互联网使用之间的一个中介因素。其一，既有研究表明，更好的认知功能与后续更轻微的抑郁症状相关（Perrino, Mason, Brown, Spokane, & Szapocznik, 2008; Zainal & Newman, 2021）。其二，抑郁症状更严重的人更有可能通过上网来逃避现实（Cotten, 2021），或者恰恰相反，他们由于情绪低落而拒绝社交，进而远离互联网（Rennoch, Schlomann, & Zank, 2023）。和互联网使用与后续抑郁症状之间的关系相比，学者们对抑郁症状与后续互联网使用之间关系的了解要少得多。由于中国老年人使用互联网的主要目的是线上社交和观看视频，而抑郁症状可能会减少他们的社交和娱乐行为，从而降低使用互联网的可能性。因此，笔者提出如下假设。

假设5：抑郁症状是认知功能与后续互联网使用之间关系的中介因素。认知功能更好的人抑郁症状更少，因此更有可能成为互联网用户。

三、研究设计

（一）数据

本章使用“中国健康与养老追踪调查”（CHARLS）第二、三、四期追踪数据，这三期数据由北京大学分别于2013年（T1）、2015年（T2）和2018年（T3）收集。CHARLS是一项具有全国代表性的追踪调查，调查对象为中国45岁及以上的社区居民，调查问题涉及其社会、经济和健康等各方面特征。

本章将分析样本限定在2013年年龄至少为45岁，并在随后两期调查中接受追访的人员。因此，笔者采用了稳定化逆概率样本流失加权法（stabilized IPAW）来减少因样本流失（死亡或中途退出）而导致的偏差（Long et al., 2018）。在CHARLS的受访者中，年龄较大、男性、学历较高、身体功能受限、居住在城市地区和东部地区的人更有可能死亡或退出。利用稳定化IPAW方法，笔者为分析样本中死亡或失访概率更高的个体分配了更大的权重，以纠正样本流失偏差（attrition bias）。笔者将每个分析样本中的个案在2013年的抽样权重与估计的稳定化IPAW相乘，得出每个人的最终权重，以确保样本的代表性。平衡性检验表明，采用稳定化IPAW是有效的。具体而言，以个人特征预测是否被成功追访的Logit回归模型显示，在使用稳定化IPAW之前，整体模型具有统计学意义（Prob. > chi^2=0.000），而在使用稳定化IPAW之后，整体模型在统计上并不显著（Prob. > chi^2=0.156），这说明此时已无可观测的个人特征能够有效预测个人是否能被成功追访。笔者还剔除了含有变量缺失值的案例。最终的分析样本包括9398人，其中男性4611人，女性4787人。

由于社会生活方式和老化进程可能因性别而异，本章进行了分性别分析。以往研究指出，互联网使用、社会参与和认知功能之间的关系以及互联网使用和心理健康之间的关系都存在性别差异。例如，有研究发现，使用互联网只能防止男性的认知功能下降（Ihle et al., 2020）。也有研究表明，人际互动（如朋友间的联系）只对老年男性的认知功能有益，而参与群体活动（如社区组织的活动）只对老年女性的认知功能有益（Kesavayuth, Liang, & Zikos, 2018）。还有研究指出，由互联网使用带来的心理健康益处只存在于女性中。上述研究的结论都指出了认知和心理健康保护因素的性别差异，因此有必要区分性别展示结果（Yang et al., 2021）。

（二）变量测量

1. 自变量和因变量

由于本章关注的是互联网使用与认知功能之间的双向关系，因此是否使用互联网和情景记忆能力既是自变量也是因变量。

情景记忆能力是认知功能的一个子域，对维持个人日常生活的正常运转至关重要。本章使用CHARLS数据提供的即时回忆和延迟回忆得分之和作为情景记忆能力的综合测量值，0表示认知功能的最低水平，20表示最高水平。

互联网使用是一个二分变量，表示参与者是否在上个月使用过互联网（1 表示“是”，0 表示“否”）。根据以往研究（Kamin & Lang, 2020; Kamin et al., 2021; Yu & Fiebig, 2020），在相对较短的记忆窗口（即一个月）内使用互联网代表了有规律的互联网使用行为。

2. 潜在中介变量

根据以往文献，社会参与是指参与某群体或组织的活动，或是与朋友和家人联系和互动（Ang, 2018）。本章假设社会参与是互联网使用和认知功能之间相互影响的第一个潜在中介因素，并将社会参与细化为两个指标：与朋友联系和参与群体活动。“与朋友联系”指受访者在过去一个月中是否与朋友见面，或通过网络或电话与朋友联系（1 表示“是”，0 表示“否”）。“参与群体活动”指受访者上个月是否跳舞、参加体育俱乐部活动或参加社区组织的活动（1 表示“是”，0 表示“否”）。

抑郁症状是连接互联网使用与认知功能之间双向关系的第二个潜在中介因素。受访者的抑郁症状通过 CES−D 10 量表测定。在 CHARLS 中，受访者被问及他们感到抑郁、孤独、快乐、恐惧和充满希望的频率，以及他们睡眠不安稳、被通常不会困扰他们的事情困扰、难以集中精力做事情、觉得做任何事情都很费力和生活无法继续的频率。根据上述 10 个项目计算出 CES−D 得分，分值范围从 0 到 30，分值越高代表抑郁症状越严重。

3. 控制变量

一系列可能同时与互联网使用和认知功能相关的因素被作为控制变量。人口学特征包括年龄、年龄平方和婚姻状况（有配偶 =1，无配偶为 =0）。衡量社会经济地位的指标包括受教育程度（小学以下、小学、初中和高中及以

上）、年度人均家庭支出（按各年度区分为五等分）和就业状况（有工作 =1，无工作 =0）。健康状况和健康行为指标包括功能受限情况，即个人在日常生活活动（activities of daily living, ADL：穿衣、洗澡、吃饭、上下床、如厕、控制大小便）和工具性日常生活活动（instrumental activities of daily living, IADL：理财、服药、买菜、热饭、做家务）方面的困难，以及吸烟（当前吸烟 =1，不吸烟 =0）和饮酒（去年饮酒 =1，不饮酒 =0）状况。居住环境因素包括与子女同住情况（同住 =1，不同住 =0）、城乡居住地（城镇 =1，乡村 =0）和地理区域（东部、中部和西部）。参考以往研究（Yu & Fiebig, 2020），所有控制变量均来自内生变量的前一期数据。表 5-1 列出了分性别和时期的主要变量描述性统计，笔者对该统计结果进行了加权处理。

表 5-1 主要变量的描述性统计
（男性人数 =4 611，女性人数 =4 787）

变量	男性			女性		
	均值	标准差	%	均值	标准差	%
因变量 / 自变量						
互联网使用（T1）	—	—	6.13	—	—	4.06
互联网使用（T2）	—	—	7.38	—	—	4.96
互联网使用（T3）	—	—	13.84	—	—	10.23
情景记忆能力（T1，0—20）	7.84	3.16	—	7.55	3.44	—
情景记忆能力（T2，0—20）	7.45	3.36	—	7.12	3.58	—
情景记忆能力（T3，0—20）	7.18	4.02	—	7.10	4.54	—
中介变量						
与朋友联系（T1）	—	—	40.94	—	—	44.46

续表

变量	男性			女性		
	均值	标准差	%	均值	标准差	%
与朋友联系（T2）	—	—	37.14	—	—	37.30
与朋友联系（T3）	—	—	32.26	—	—	35.63
参与群体活动（T1）	—	—	11.33	—	—	12.02
参与群体活动（T2）	—	—	8.69	—	—	12.95
参与群体活动（T3）	—	—	6.06	—	—	11.02
抑郁症状（T1，0—30）	6.82	5.12	—	8.68	6.03	—
抑郁症状（T2，0—30）	6.71	5.77	—	9.03	6.70	—
抑郁症状（T3，0—30）	7.34	5.75	—	9.77	6.84	—
控制变量						
年龄（T1，45—92）	59.09	8.81	—	57.71	8.60	—
年龄（T2，47—94）	61.07	8.81	—	59.69	8.60	—
有配偶（T1）	—	—	87.19	—	—	80.48
有配偶（T2）	—	—	85.75	—		79.06
教育程度（T1 和 T2）						
小学以下	—	—	23.29	—	—	49.52
小学	—	—	26.83	—	—	20.40
中学	—	—	30.10	—	—	19.64
高中及以上	—	—	19.78	—	—	10.43
人均家庭支出（T1）						
第 1 个五分位	—	—	12.53	—	—	12.69
第 2 个五分位	—	—	14.13	—	—	13.36
第 3 个五分位	—	—	15.02	—	—	13.74
第 4 个五分位	—	—	14.74	—	—	13.78
第 5 个五分位	—	—	14.35	—	—	13.29
未知	—	—	29.23	—	—	33.14
人均家庭支出（T2）						

续表

变量	男性			女性		
	均值	标准差	%	均值	标准差	%
第 1 个五分位	—	—	14.13	—	—	14.27
第 2 个五分位	—	—	15.47	—	—	14.65
第 3 个五分位	—	—	14.45	—	—	13.34
第 4 个五分位	—	—	14.62	—	—	13.00
第 5 个五分位	—	—	12.97	—	—	12.13
未知	—	—	28.38	—	—	32.61
有工作（T1）		—	74.35	—	—	64.51
有工作（T2）	—	—	72.56	—	—	60.52
ADL 困难程度（T1，0—6）	0.24	0.76	—	0.31	0.83	—
ADL 困难程度（T2，0—6）	0.29	0.86	—	0.40	0.95	—
IADL 困难程度（T1，0—5）	0.24	0.70	—	0.38	0.83	—
IADL 困难程度（T2，0—5）	0.24	0.72	—	0.44	0.91	—
吸烟（T1）	—	—	29.05	—	—	3.33
吸烟（T2）	—	—	50.84	—	—	5.42
去年饮酒（T1）	—	—	58.56	—	—	14.82
去年饮酒（T2）	—	—	57.26	—	—	15.04
与子女同住（T1）	—	—	54.42	—	—	55.26
与子女同住（T2）	—	—	52.81	—	—	54.30
城镇居民（T1 和 T2）	—	—	39.08	—	—	40.98
区域（T1 和 T2）						
东部	—	—	35.75	—	—	35.75
中部	—	—	32.02	—	—	32.02
西部	—	—	32.23	—	—	32.23

（三）实证方法

为了研究互联网使用与认知功能之间的双向关系，笔者基于三期追踪调查数据构造交叉滞后面板模型（cross-lagged panel model, CLPM），使用最大似然估计法进行路径分析，并使用稳健标准误以解决内生变量非正态性和追访个案非独立性对统计推断的负面影响。参考以往文献（Choi et al., 2021），笔者在检验假设模型之前先检验了各期数据的平稳性（stationarity）。平稳性假定指同一自回归效应或交叉滞后效应的系数在不同时间点上是基本相同的。笔者将各期数据的同一自回归效应或交叉滞后效应的系数设定为相等，然后将设定相等系数前后的标准化均方根残差变化（ΔSRMR）与临界值进行比较（Chen, 2007），以检验平稳性。同时，笔者在交叉滞后面板模型的基础上加入多个中介变量，利用追踪数据中介分析方法克服自变量、中介变量、因变量三者之间的反向因果问题（Cole & Maxwell, 2003; Law, Wong, Yan, & Huang, 2016; Little, Preacher, Selig, & Card, 2007）。

图 5-1 展示了本章的分析框架图，即包含平行中介变量的交叉滞后面板模型的概念框架图。由于同一期的因变量和平行中介变量之间可能存在相关性，笔者设定了它们误差项之间的相关性。为简化起见，图 5-1 没有显示误差项的相关性。以滞后因变量为控制变量的回归模型（如滞后因变量模型和交叉滞后面板模型）常用于估计两个时间点之间的健康变化。以晚年认知功能为例，在控制了较早时点的认知功能后，当以晚年认知功能为因变量的回归模型的系数为正数时，表示认知功能下降

的幅度较小；反之，当系数为负数时，表示认知功能下降的幅度较大（Zhang et al., 2020）。

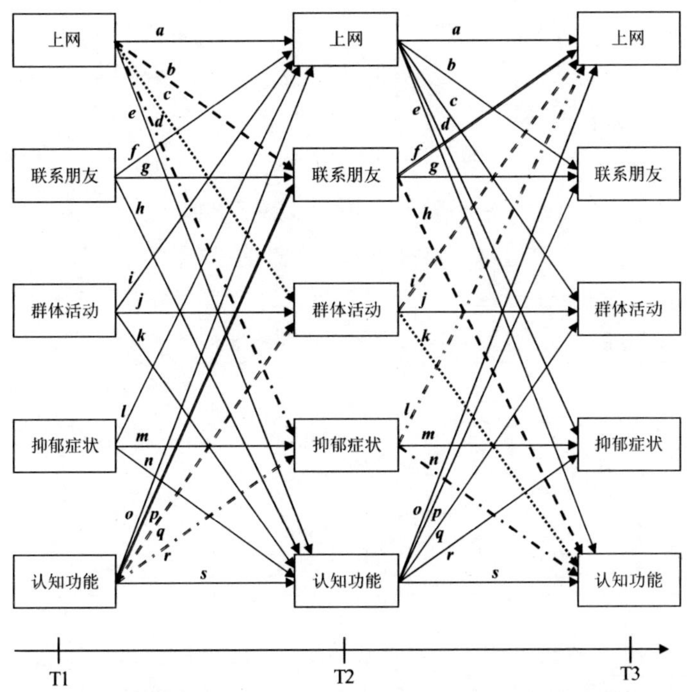

图 5-1 互联网使用与认知功能之间双向关系的概念框架图

注：（1）在平稳性假定下，标有相同字母的路径系数相等；（2）形状相同箭头对应系数的乘积代表中介效应；（3）省略显示协变量和误差项之间的相关性。

四、数字接入与认知功能的双向关系及其机制

在评估互联网使用与认知功能之间的相互关系及其内在机制之前，需要首先检验交叉滞后面板模型的平稳性假设。笔者根据图 5-1 所示的概念框架图构建了分性别的交叉滞后面板模型。然后，笔者比较了对标有相同字

母路径的非标准化系数设置等值约束前后的模型拟合优度。对于使用稳健标准误的加权回归模型，标准化均方根残差（standardized root mean square residual, SRMR）是唯一有效的拟合优度参考指标。男性（ΔSRMR=0.00030）和女性（ΔSRMR=0.00069）模型设置系数等值前后的标准化均方根残差变化（ΔSRMR）远小于临界值（0.005）（Chen, 2007），表明平稳性约束并没有显著削弱模型的拟合优度。因此，平稳性检验没有拒绝自回归效应和交叉滞后效应的系数随时间推移基本不变的零假设。

表 5-2　分性别交叉滞后面板模型的非标准化路径系数

路径	男性		女性	
	系数	稳健标准误	系数	稳健标准误
a. 上网 $_{(T)}$ → 上网 $_{(T+1)}$	0.533***	0.030	0.607***	0.035
b. 上网 $_{(T)}$ → 联系朋友 $_{(T+1)}$	0.110***	0.028	0.115**	0.041
c. 上网 $_{(T)}$ → 群体活动 $_{(T+1)}$	0.084***	0.025	0.142***	0.040
d. 上网 $_{(T)}$ → 抑郁症状 $_{(T+1)}$	0.058	0.277	−0.519*	0.256
e. 上网 $_{(T)}$ → 认知功能 $_{(T+1)}$	0.560**	0.174	0.607*	0.262
f. 联系朋友 $_{(T)}$ → 上网 $_{(T+1)}$	0.014*	0.006	0.005	0.005
g. 联系朋友 $_{(T)}$ → 联系朋友 $_{(T+1)}$	0.251***	0.013	0.236***	0.012
h. 联系朋友 $_{(T)}$ → 认知功能 $_{(T+1)}$	0.153*	0.076	−0.071	0.070
i. 群体活动 $_{(T)}$ → 上网 $_{(T+1)}$	0.039**	0.013	0.032**	0.010
j. 群体活动 $_{(T)}$ → 群体活动 $_{(T+1)}$	0.176***	0.022	0.347***	0.018
k. 群体活动 $_{(T)}$ → 认知功能 $_{(T+1)}$	−0.011	0.143	0.262*	0.118
l. 抑郁症状 $_{(T)}$ → 上网 $_{(T+1)}$	−0.000	0.000	−0.001**	0.000
m. 抑郁症状 $_{(T)}$ → 抑郁症状 $_{(T+1)}$	0.462***	0.014	0.489***	0.012
n. 抑郁症状 $_{(T)}$ → 认知功能 $_{(T+1)}$	−0.022**	0.007	−0.025***	0.006
o. 认知功能 $_{(T)}$ → 上网 $_{(T+1)}$	0.003**	0.001	0.003***	0.001

续表

路径	男性		女性	
	系数	稳健标准误	系数	稳健标准误
p. 认知功能 $_{(T)}$ → 联系朋友 $_{(T+1)}$	0.005**	0.002	0.003*	0.001
q. 认知功能 $_{(T)}$ → 群体活动 $_{(T+1)}$	0.002*	0.001	0.003*	0.001
r. 认知功能 $_{(T)}$ → 抑郁症状 $_{(T+1)}$	−0.060**	0.019	−0.058**	0.020
s. 认知功能 $_{(T)}$ → 认知功能 $_{(T+1)}$	0.360***	0.013	0.359***	0.013

注：（1）标识路径的字母与图 5−1 所示的字母一致；（2）$^*p < 0.05$，$^{**}p < 0.01$，$^{***}p < 0.001$（双侧检验）。

表 5−2 总结了图 5−1 中不同性别的非标准化路径系数。在表 5−2 的基础上，图 5−2 分性别展示了互联网使用与后续认知功能之间关系的中介模型简图。需要注意的是，图 5−2、图 5−3 的分性别路径图都是依据图 5−1 所示模型构造的，只不过在绘图时鉴于因变量的不同而分别展示。研究结果揭示了互联网使用影响情景记忆能力的一些渠道。对于男性而言，在控制了前期社会参与指标的情况下，互联网用户具有显著更高的社会参与可能性，社会参与的形式包括与朋友联系和参与群体活动。在控制前期认知功能的情况下，在男性中，与朋友联系和其较高的后续认知功能具有显著关联，而参与群体活动则没有这种效果；同时，尽管抑郁症状与随后的认知功能之间呈显著负相关，但互联网使用与抑郁症状之间没有显著关联。在女性中，互联网用户比非用户具有显著更高的社会参与可能性，但与男性不同的是，女性参与群体活动而非与朋友联系预示着其后续显著更高的认知功能。此外，女性互联网用户比非用户具有显著更少的抑郁症状，而更轻微的抑郁症状又预示着更高的认知

功能。为了进一步探索互联网使用与认知功能之间的关联机制，笔者分性别进行了纵贯数据中介分析。表5-3展示了中介检验结果，结果表明，在男性中，与朋友联系在互联网使用与后续认知功能之间发挥了部分中介作用；而在女性中，在互联网使用与后续认知功能之间起到部分中介作用的是参与群体活动和抑郁症状。

接下来，笔者评估了认知功能与后续互联网使用之间的关系。图5-3分性别展示了认知功能与后续互联网使用之间关系的中介模型简图。图5-3显示，对于男性和女性而言，更好的认知功能预示着更有可能与朋友联系和参与群体活动，以及更少的抑郁症状。参与群体活动与男性和女性的后续认知功能之间呈显著正相关。同时，也有一些变量间的关系存在性别差异。一方面，只有男性在与朋友联系和后续认知功能之间呈显著正相关。另一方面，抑郁症状越严重，女性的认知功能就越差，而男性则不然。表5-4展示了中介检验结果，表明参与群体活动在男性和女性的认知功能与后续互联网使用之间起到了部分中介作用。此外，与朋友联系在男性中起到部分中介作用，抑郁症状在女性中起到部分中介作用。

概言之，社会参与和抑郁症状是互联网使用和认知功能之间相互影响的重要渠道，中介作用的有效性因性别和“互联网使用—认知功能”关系的方向而异。对于男性而言，互联网使用可以增加人们与朋友联系的机会，进而有利于情景记忆能力；从另一方向来看，拥有更好情景记忆能力的男性更有可能使用互联网，部分原因是他们有更多机会与朋友互动并参与群体活动。对于女性而言，参与群体活动和抑郁症状是连接互联网使用和情景记忆能力之间相互影响的两个中介因素。关于社会参与在互联网使用和认知功能之间双向关系中的中介作用，研究结果基本支持了假设 2 和假设 3。有关抑郁症状中介作用的发现基本支持了假设 4 和假设 5。机制分析结果的两点性别差异值得注意。首先，假设 3 忽略了与朋友联系和后续互联网使用之间关系的性别差异。研究结果表明，与朋友联系是男性使用互联网的先决条件，而女性则不然。这一发现与既有研究（Kesavayuth et al., 2018）相同，表明这些性别差异可能是由人际沟通和社交活动的性别差异造成的。其次，假设 4 和假设 5 忽视了互联网使用与抑郁症状之间相互影响的性别差异。没有证据表明男性使用互联网与其抑郁症状之间存在显著的双向关系。与上述研究结果一致的是，以往有关老年人使用互联网对心理健康影响的研究表明，互联网用户相较于非用户的心理健康优势只在女性中是显著的，表现为更轻微的抑郁症状（Yang et al., 2021）和更高的生活满意度（Li & Zhou, 2021）。一种可能的解释是，相较于老年男性，老年女性更有可能通过使用互联网来改善代际关系（Li & Zhou, 2021）。除上文讨论的间接效应外，将潜在的中介因素纳入模型后，仍然观察到互联网使用对情景记忆能力的直接效应，以及情景记忆能力对互联网使用的直接效应。因此，假设 1 得到了支持。

此外，笔者还将全样本区分为基线（即 2013 年调查）年龄在 60 岁及以上的个体和基线年龄在 45—59 岁的个体，从而对不同年龄层的子样本进行分析（见附图 5-1 至附图 5-4）。最终发现，全样本分析结果与基线年龄在 60 岁及以上子样本分析结果相似。

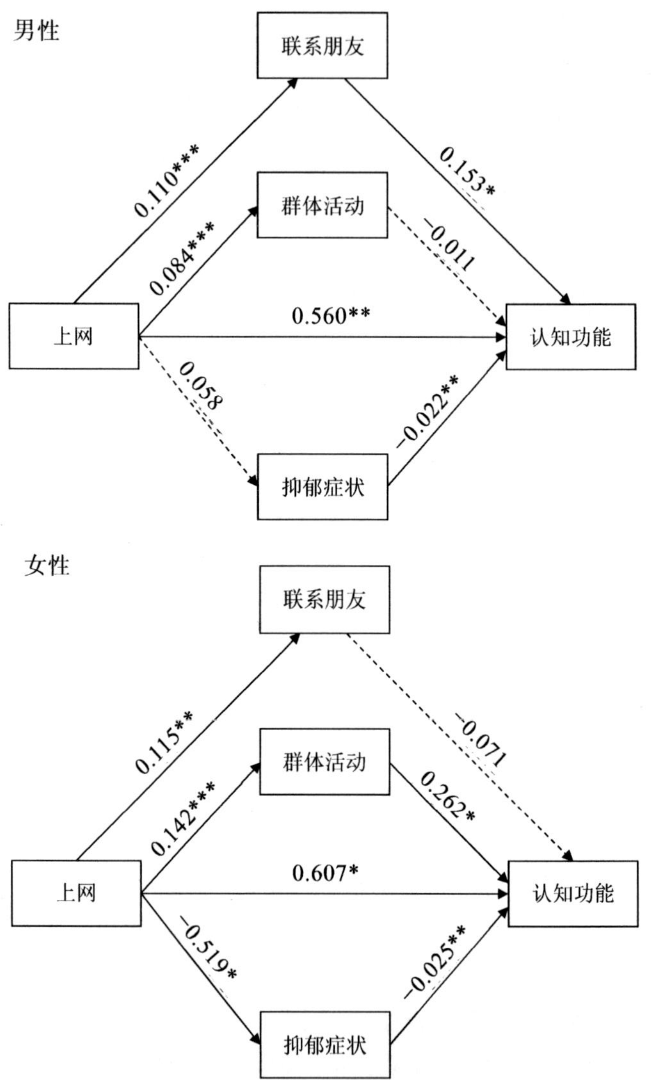

图 5–2　互联网使用与后续认知功能之间关系的中介模型简图

注：（1）图中展示的是非标准化路径系数；（2）虚线箭头表示不具有统计学意义；（3）省略了协变量、误差项之间的相关性、滞后的内生变量；（4）*p ＜ 0.05，**p ＜ 0.01，***p ＜ 0.001（双侧检验）。下同。

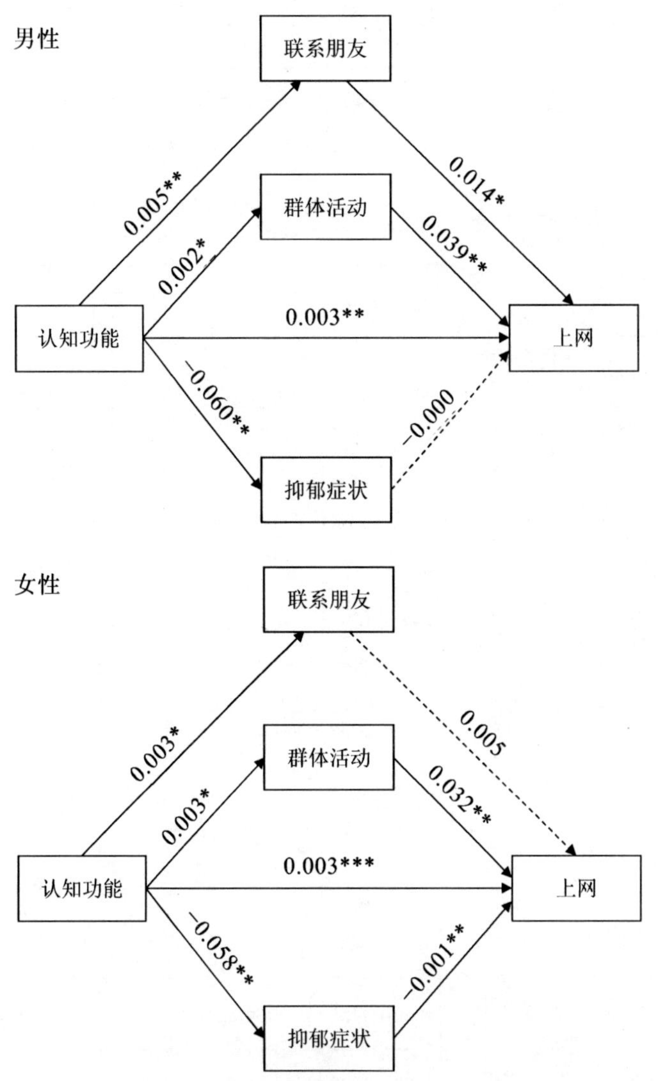

图 5-3 认知功能与后续互联网使用之间关系的中介模型简图

表 5-3　分性别的互联网使用与后续认知功能之间关系的中介效应分析

路径	间接效应	偏差校正 95%CI		解释比例（%）
		下限	上限	
男性				
上网 → 联系朋友 → 认知功能	0.016 86*	0.002 79	0.039 35	2.92
上网 → 群体活动 → 认知功能	−0.000 91	−0.023 56	0.023 41	—
上网 → 抑郁症状 → 认知功能	−0.001 27	−0.015 95	0.010 43	—
女性				
上网 → 联系朋友 → 认知功能	−0.008 17	−0.031 45	0.006 00	—
上网 → 群体活动 → 认知功能	0.037 16*	0.007 47	0.095 76	5.66
上网 → 抑郁症状 → 认知功能	0.012 77*	0.000 33	0.029 54	1.94

注：（1）间接效应未标准化；（2）自助抽样经过 2000 次重复；（3）* 表示偏差校正 95% 置信区间内不包括 0。下同。

表 5-4　分性别的认知功能与后续互联网使用之间关系的中介效应分析

路径	间接效应	偏差校正 95%CI		解释比例（%）
		下限	上限	
男性				
认知功能 → 联系朋友 → 上网	0.000 076*	0.000 012	0.000 182	2.60
认知功能 → 群体活动 → 上网	0.000 064*	0.000 006	0.000 189	2.19
认知功能 → 抑郁症状 → 上网	0.000 002	−0.000 058	0.000 059	—

续表

路径	间接效应	偏差校正 95%CI		解释比例（%）
		下限	上限	
女性				
认知功能 → 联系朋友 → 上网	0.000 017	−0.000 006	0.000 075	—
认知功能 → 集体活动 → 上网	0.000 084*	0.000 013	0.000 224	2.78
认知功能 → 抑郁症状 → 上网	0.000 051*	0.000 009	0.000 113	1.69

五、本章小结

本研究为关于互联网使用与认知功能之间关系的既有文献增添了新的知识。笔者利用具有全国代表性的纵贯数据，验证了中国人晚年互联网使用与情景记忆能力之间的双向关系。更重要的是，本研究识别出了两个重要的中介机制。

本章的研究结果表明，使用互联网有助于延缓老年人认知能力的衰退，而良好的认知功能是使用互联网的前提条件。因此，不使用互联网和认知障碍可能会随着时间的推移而相互强化，形成恶性循环；反之，互联网使用和认知功能可能会相互促进。此外，由于互联网可以为老年人提供保持社会联系的交流平台和缓解压力的娱乐平台，本章还检验了社会交往和抑郁症状作为互联网使用和认知能力之间中介因素的可能性。研究结果表明，社会参与（包括与朋友联系和参与群体活动）和抑郁症状是互联网使用和认知功能之间双向关系的部分中介因素。中介效应因性别和“互联网—认知功能”关系的方向而异。由于社会参与和抑郁症状是互联网使用与后续认知功能之间的中介因素，因此可以推测，社交和娱乐作为互联网的关键功能，是有益于晚年认知功能的。

本研究增加了有关“互联网使用—认知功能”关系的经验证据，并拓展了相关理论。与之前证实互联网使用和认知功能相互影响的研究（Kamin & Lang, 2020; Yu & Fiebig, 2020）结论一致，本章的研究结果提供了中国背景下的新证据，支持了关于互联网使用和情景记忆能力之间相互作用关系的社会因果论和健康选择理论。本章将社会参与和心理健康作为两个潜在的平行中介因素进行检验，这两个方面在既有研究的机制分析中从未被同时考察过。此外，本章还发现了以往研究未能识别出的认知功能与后续互联网使用之间的中介因素（Kamin et al., 2021）。概言之，本研究更全面地分析了互联网使用和认知功能之间相互作用关系的内在机制，揭示了社会因果和健康选择是如何起作用的，从而拓展了相关理论。

相较于以往研究，本章在数据和方法上具有一些优势。第一，本章首次利用具有全国代表性的数据来检验发展中国家老年人使用互联网与认知功能之间相互作用关系的中介因素。因此，研究结果进一步揭示出晚年认知能力下降和数字鸿沟的决定因素。第二，本章的研究结果揭示了互联网使用和认知功能之间双向关系机制的性别差异，这有助于启发研究人员在未来的研究中引入性别视角，探索性别差异化干预策略，以更好地延缓认知衰退，缩小“银发数字鸿沟”。第三，本章采用了相对先进的统计方法来提高估计的准确性。例如，交叉滞后面板模型设计和纵向中介检验方法削弱了反向因果关系；稳定化逆概率样本流失加

权法（stabilized inverse probability of attrition weighting, stabilized IPAW）有助于纠正样本流失偏差。

本章的研究结果包含了一定的政策启示。首先，为老年人上网提供便利可能会给他们的认知功能带来益处。为提高老年人数字素养而采取干预措施、设计适合老年人的线上产品，可能在缩小“银发数字鸿沟”的同时，延缓老年人认知功能衰退。其次，应鼓励老年人为社交目的使用互联网，因为他们可以通过参与社交活动获得认知功能上的益处。最后，社区可以为老年居民组织更多的群体活动，如广场舞、合唱等，这可以激发居民使用互联网的积极性，并为他们提供相互学习互联网技能的机会。

不可否认的是，本研究也存在一些局限。首先，CHARLS 缺乏关于受访者的互联网复杂使用模式的信息，例如他们的上网时间和使用的具体互联网功能。因此，笔者无法观察到过度使用互联网或问题化使用互联网对老年人造成的认知后果。其次，由于 CHARLS 没有充分测量受访者与其他各类人的互动情况，因此本章只采用了受访者与朋友之间的人际互动。既有研究表明，与不使用互联网的人相比，使用互联网的人与子女的关系更好（Li & Zhou, 2021; Lu & Kandilov, 2021），因此使用互联网可能会改善代际互动，从而给父母带来认知功能上的益处。虽然本章基于现有文献和数据涵盖的变量对中介因素进行了合理选择，但由于忽略了其他可能有效的中介因素，可能会低估总的间接效应而高估直接效应。未来研究可以进一步探索更多潜在中介因素的有效性。最后，本章使用情景记忆能力来代表认知功能，未来研究可以探索互联网使用与更多认知功能子域（如执行功能）之间的关系。

参考文献

[1] 中国互联网络信息中心．2024,《第 53 次中国互联网络发展状况统计报告》，https://www.cnnic.net.cn/n4/2024/0322/c88-10964.html.

[2] Ang, Shannon. (2018). Social Participation and Health over the Adult Life Course: Does the Association Strengthen with Age? *Social Science & Medicine*, 206, 51-59.

[3] Chen, Fang Fang. (2007). Sensitivity of Goodness of Fit Indexes to Lack of Measurement Invariance. *Structural Equation Modeling: A Multidisciplinary Journal*, 14(3), 464-504.

[4] Choi, Eun Young, Wisniewski, Kristi M, & Zelinski, Elizabeth M. (2021). Information and Communication Technology Use in Older Adults: A Unidirectional or Bi-directional Association with Cognitive Function? *Computers in Human Behavior*, 121, 106813.

[5] Chopik, William J., Rikard, R. V., & Cotten, Shelia R. (2017). Individual Difference Predictors of ICT Use in Older Adulthood: A Study of 17 Candidate Characteristics. *Computers in Human Behavior*, 76, 526-533.

[6] Cole, David A., & Maxwell, Scott E. (2003). Testing Mediational Models with Longitudinal Data: Questions and

Tips in the Use of Structural Equation Modeling. *Journal of Abnormal Psychology*, 112(4), 558.

[7] Cotten, Shelia R. (2021). Technologies and Aging: Understanding Use, Impacts, and Future Needs. In Kenneth F. Ferraro & Deborah Carr (Eds.), *Handbook of Aging and the Social Sciences* (*Ninth Edition*) (pp. 373−392). London: Academic Press.

[8] Cotten, Shelia R., Ford, George, Ford, Sherry, & Hale, Timothy M. (2014). Internet Use and Depression Among Retired Older Adults in the United States: A Longitudinal Analysis. *The Journals of Gerontology*: *Series B*, 69(5), 763−771.

[9] Hartanto, Andree, Yong, Jose C., Toh, Wei Xing, Lee, Sean T. H., Tng, Germaine Y. Q., & Tov, William. (2020). Cognitive, Social, Emotional, and Subjective Health Benefits of Computer Use in Adults: A 9-Year Longitudinal Study from the Midlife in the United States (MIDUS). *Computers in Human Behavior*, 104, 106179.

[10] Hertzog, Christopher, Kramer, Arthur F., Wilson, Robert S., & Lindenberger, Ulman. (2008). Enrichment Effects on Adult Cognitive Development: Can the Functional Capacity of Older Adults Be Preserved and Enhanced? *Psychological Science in the Public Interest*, 9(1), 1−65.

[11] Ihle, Andreas, Bavelier, Daphne, Maurer, Jürgen, Oris, Michel, & Kliegel, Matthias. (2020). Internet Use in Old Age Predicts Smaller Cognitive Decline only in Men. *Scientific Reports*, 10(1), 8969.

[12] Ihm, Jennifer, & Hsieh, Yuli Patrick. (2015). The Implications of Information and Communication Technology Use for the Social Well-Being of Older Adults. *Information, Communication & Society*, 18(10).

[13] Jing, Rize, Jin, Guangzhao, Guo, Yalong, Zhang, Yiyang, & Li, Long. (2023). The Association Between Constant and New Internet Use and Depressive Symptoms Among Older Adults in China: The Role of Structural Social Capital. *Computers in Human Behavior*, 138, 107480.

[14] Kamin, Stefan T., & Lang, Frieder R. (2020). Internet Use and Cognitive Functioning in Late Adulthood: Longitudinal findings from the Survey of Health, Ageing and Retirement in Europe (SHARE). *The Journals of Gerontology*: *Series B*, 75(3), 534−539.

[15] Kamin, Stefan T., Seifert, Alexander, & Lang, Frieder R. (2021). Participation in Activities Mediates the Effect of Internet Use on Cognitive Functioning in Old Age. *International Psychogeriatrics*, 33(1), 83−88.

[16] Kesavayuth, Dusanee, Liang, Yufang, & Zikos, Vasileios. (2018). An Active Lifestyle and Cognitive Function: Evidence From China. *The Journal of the Economics of Ageing*, 12, 183−191.

[17] Kim, Yijung K., & Han, Sae Hwang. (2021). Internet Use and Cognitive Functioning in Later Life: Focus on Asymmetric Effects and Contextual Factors. *The Gerontologist*, 62(3), 425−435.

[18] Law, Kenneth S., Wong, Chi-Sum, Yan, Ming, &

Huang, Guohua. (2016). Asian Researchers Should be More Critical: The Example of Testing Mediators Using Time-Lagged Data. *Asia Pacific Journal of Management*, 33(2), 319–341.

[19] Li, Jia, & Zhou, Xiaochen. (2021). Internet Use and Chinese Older Adults' Subjective Well-Being (SWB): The Role Of Parent-Child Contact and Relationship. *Computers in Human Behavior*, 119, 106725.

[20] Li, Ying, Han, Wen-Jui, & Hu, Miao. (2022). Does Internet Access Make A Difference for Older Adults' Cognition In Urban China? The Moderating Role of Living Arrangements. *Health & Social Care in the Community*, 30(4), e909–e920.

[21] Li, Yunjun, Bai, Xiao, & Chen, Honglin. (2022). Social Isolation, Cognitive Function, and Depression Among Chinese Older Adults: Examining Internet Use as a Predictor and a Moderator. *Frontiers in Public Health*, 10.

[22] Little, Todd D., Preacher, Kristopher J., Selig, James P., & Card, Noel A. (2007). New Developments in Latent Variable Panel Analyses of Longitudinal Data. *International Journal of Behavioral Development*, 31(4), 357–365.

[23] Long, D. Leann, Howard, George, Long, Dustin M., Judd, Suzanne, Manly, Jennifer J., McClure, Leslie A.,...Glymour, M. Maria. (2018). An Investigation of Selection Bias in Estimating Racial Disparity in Stroke Risk Factors: The REGARDS Study. *American Journal of*

Epidemiology, 188(3), 587−597.

[24] Lu, Haiyang, & Kandilov, Ivan T. (2021). Does Mobile Internet Use Affect the Subjective Well-being of Older Chinese Adults? An Instrumental Variable Quantile Analysis. *Journal of Happiness Studies*, 22(7), 3137−3156.

[25] Perrino, T., Mason, C. A., Brown, S. C., Spokane, A., & Szapocznik, J. (2008). Longitudinal Relationships Between Cognitive Functioning and Depressive Symptoms Among Hispanic Older Adults. *Journals of Gerontology. Series B*: *Psychological Sciences and Social Sciences*, 63(5), P309−317.

[26] Rennoch, Gerlind, Schlomann, Anna, & Zank, Susanne. (2023). The Relationship Between Internet Use for Social Purposes, Loneliness, and Depressive Symptoms Among the Oldest Old. *Research on Aging*, 45(9−10), 630−642.

[27] Turkle, Sherry. (2011). *Alone Together*: *Why We Expect More from Technology and Less from Each Other*? New York: Basic Books.

[28] Yang, Hua-lei, Zhang, Shuo, Zhang, Si-qing, Xie, Lin, Wu, Yuan-yang, Yao, Yi-dan,...Li, Zhi-yun. (2021). Internet Use and Depressive Symptoms Among Older Adults in China. *Frontiers in Psychiatry*, 12.

[29] Yu, Dandan, & Fiebig, Denzil G. (2020). Internet Use and Cognition Among Middle-Aged and Older Adults In China: A Cross-Lagged Panel Analysis. *The Journal of the Economics of Ageing*, 17, 100262.

[30] Yu, Xinyue, Mu, Aruhan, Wu, Xiang, & Zhou, Liqin. (2022). Impact of Internet Use on Cognitive Decline in Middle-Aged and Older Adults in China: Longitudinal Observational Study. *Journal of Medical Internet Research*, 24(1), e25760.

[31] Zainal, Nur Hani, & Newman, Michelle G. (2021). Depression and Executive Functioning Bidirectionally Impair One Another across 9 Years: Evidence from Within-Person Latent Change and Cross-Lagged Models. *European Psychiatry*, 64(1), e43.

[32] Zhang, Zhenmei, Xu, Hongwei, Li, Lydia W., Liu, Jinyu, & Choi, Seung-won Emily. (2020). Social Relationships in Early Life and Episodic Memory in Mid- and Late Life. *The Journals of Gerontology*: *Series B*, 76(10), 2121−2130.

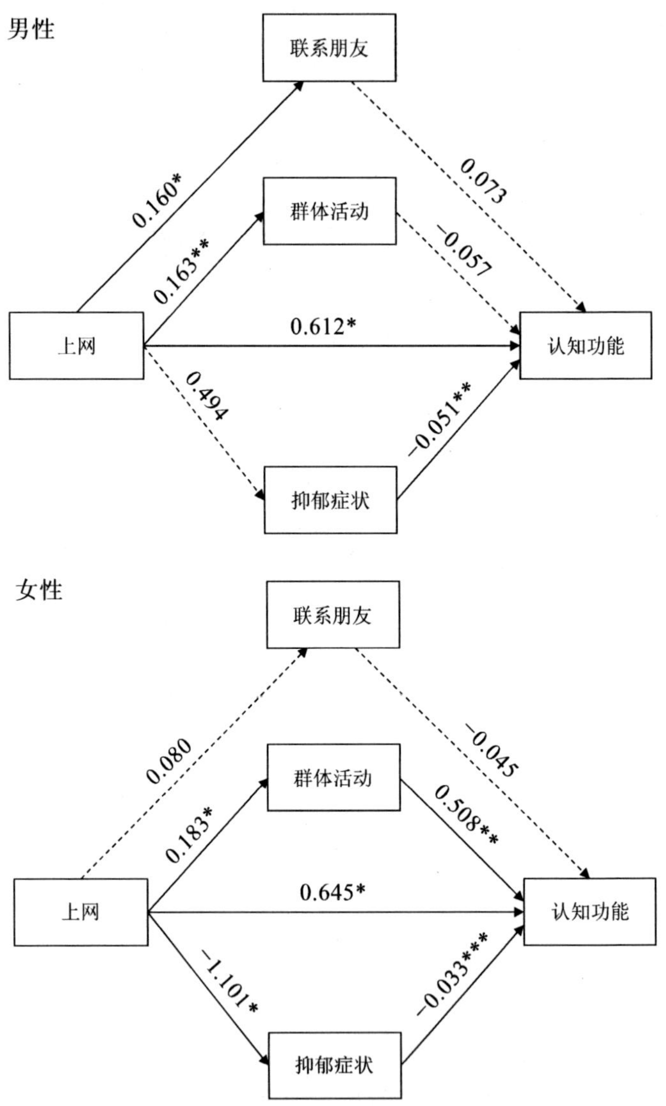

附图 5-1　互联网使用与后续认知功能之间关系的中介模型简图（60 岁及以上）

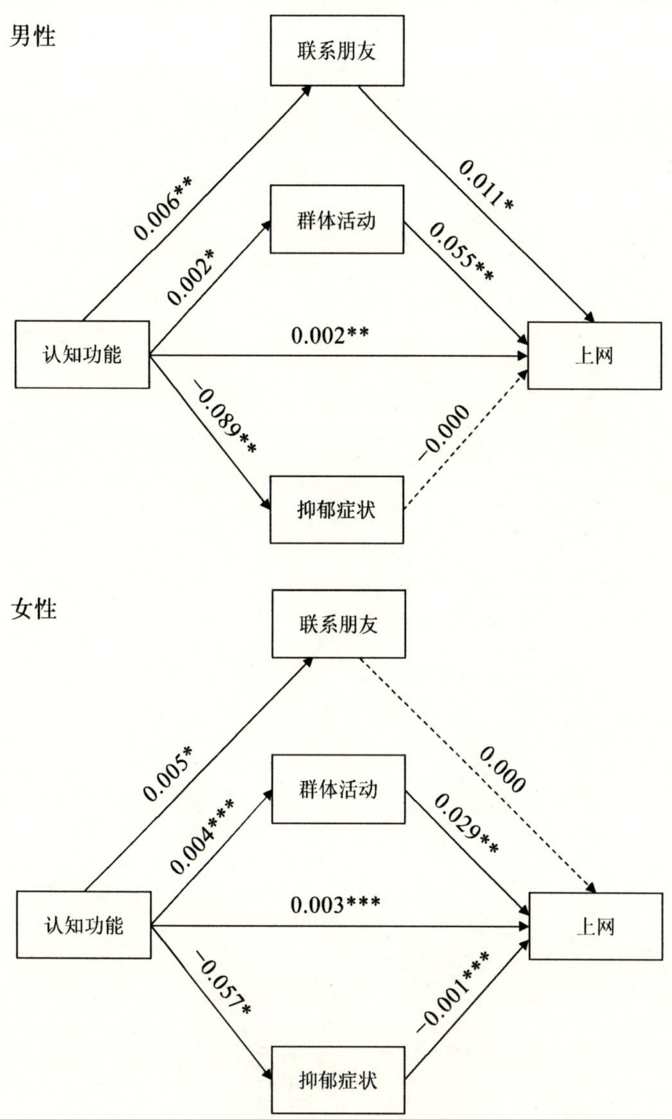

附图 5-2 认知功能与后续互联网使用之间关系的中介模型简图（60 岁及以上）

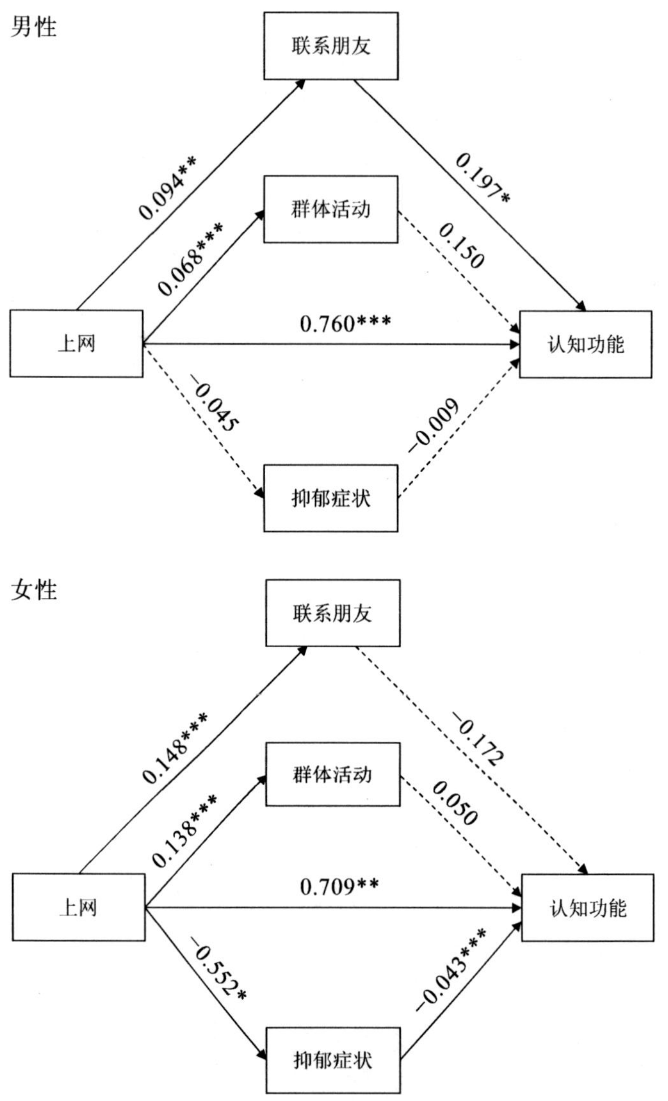

附图 5-3　互联网使用与后续认知功能之间关系的中介模型简图（45—59 岁）

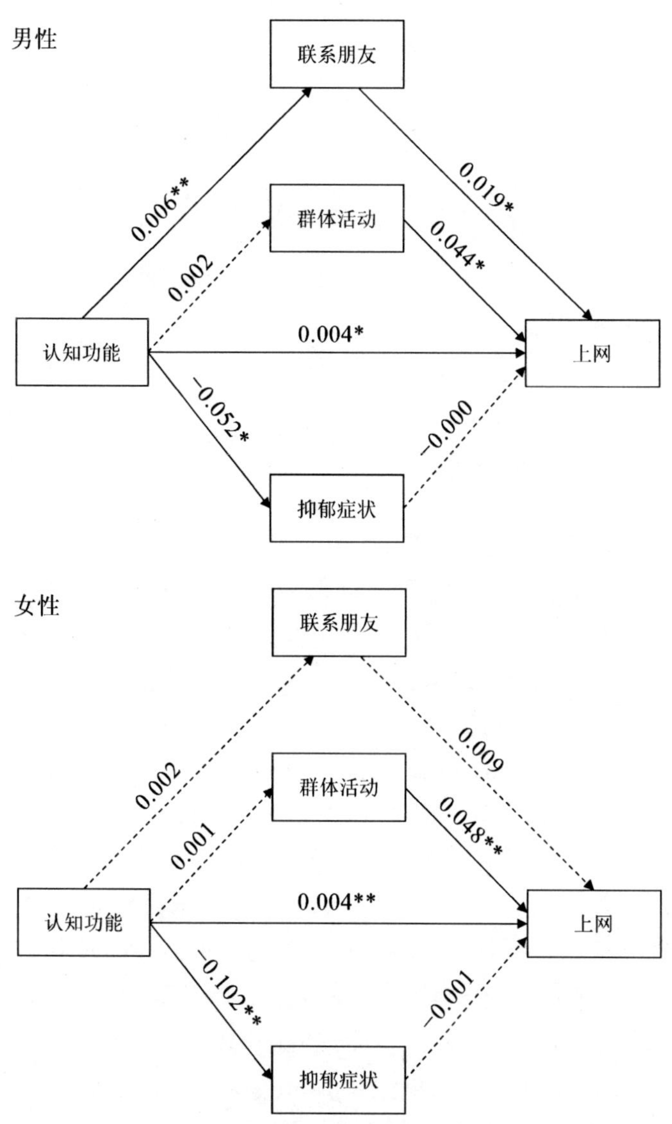

附图 5-4 认知功能与后续互联网使用之间关系的中介模型简图（45—59 岁）

第六章　晚年身体功能和认知功能的双向关系研究

一、引言

衰老是无法避免的生物规律，它表现为人们在步入中老年后的各项生理机能随年龄增长而不断减退，是生命历程中的必然经历。身体功能和认知功能是生理机能的两个重要组成部分，它们是老年人独立生活的重要决定因素，保持高水平的身体功能和认知功能是成功老龄化的标志（Rowe & Kahn, 1997）。身体功能由四个子域组成，分别是与下肢相关的活动能力、与上肢相关的灵巧能力、颈部和背部活动能力，以及涉及上述多个子域的复杂活动能力（Dias, 2014）。认知功能是与自我照料和日常活动相关的另一个功能领域，指的是获取知识、处理信息和推理所涉及的心智过程（mental process）（Kiely, 2014）。由于晚年身体功能和认知功能的衰退与残疾（Dodge et al., 2005; Guralnik, Ferrucci, Simonsick, Salive, & Wallace, 1995）和死亡（Kelman, Thomas, Kennedy, & Cheng, 1994; Studenski et al., 2011）风险升高密切相关，因此这两项功能的衰退被认为是晚年健康面临的重要威胁。尽管大量文献表明，老年人的身体功能和认知功能受到生物、行为和生活方式等复杂因素的影响（Goins & Pilkerton, 2010），但学者们对身体功能和认知功能之间的相互依存关系及其内在机制关注较少。正如克拉尔等（Krall, Carlson, Fried, & Xue, 2014）所指出的，探索身体功能和认知功能之间的相互影响及其机制至关重要，这将有助于进一步理解衰老过程。

尽管既有研究缺乏对晚年身体功能和认知功能之间关系背后机制的探讨，但从生活方式的角度分析中介因素具有一定理论和实证基础。根据医学社会学和社会流行病学相关理论，体育活动和社会参与都是关键的社会性健康决定因素，因此与老龄卫生政策息息相关（Ohrnberger, Fichera, & Sutton, 2017）。虽然一些研究表明，体育活动和社会参与是晚年身体功能（Chmelo et al., 2015; Miszko et al., 2003; Serra-Rexach et al., 2011; Vusirikala et al., 2019）和认知功能（Fratiglioni, Paillard-Borg, & Winblad, 2004; Nelson, Noonan, Goldberg, & Buchwald, 2013）的保护因素，但这两种生活方式因素是否能在身体功能和认知功能之间发挥中介作用尚不明晰。

在发达国家，尤其是美国，探讨晚年身体功能和认知功能之间关系的文献相对较多，但学者们极少关注发展中国家的这一主题，因此不利于完整地理解该问题在不同社会经济背景下的情况。迄今为止，人口老龄化已成为许多发展中国家的普遍现象，到 2050 年，全球 20 亿老年人中将有 80% 生活在发展中国家（Shetty, 2012）。因此，研究中国等发展中国家老年人的健康状况及其决定因素变得越来越重要。然而，笔者尚未发现以往研究分析过中国老年人身体功能和认知功能之间的双向关系及其机制。

为了克服已有研究的上述缺陷，更好地理解与身体功能和认知功能相关的人体衰老过程，本章旨在评估中国老年人身体功能和认知功能之间的双向关系，并检验体育活动和社会参与在双向关系中发挥的中介作用。据笔者所知，这是第一项在非西方背景下利用全国代表性数据针对该议题的研究。有关中介效应的研究结论可能有利于制定高效的健康干预措施来延缓功能衰退的发生。

二、文献综述

（一）身体功能和认知功能之间的双向关系

根据克卢斯顿等（Clouston et al., 2013）的系统综述，多数研究只从一个方向验证了身体功能和认知功能之间的时序关系（temporal relationship），即基线身体功能与后续认知功能相关（Boyle, Buchman, Wilson, Leurgans, & Bennett, 2009; Gatz, Reynolds, Finkel, Pedersen, & Walters, 2010; Inzitari et al., 2007）。最近，更多学者对晚年身体功能与认知功能之间的时序关系进行了双向研究，但这些研究结果相互矛盾。一些研究表明，身体功能和认知功能之间只存在单向关系（Atkinson et al., 2009; Best et al., 2016; Mielke et al., 2012; Taekema et al., 2012），而另一些研究则指出二者可以相互影响（Gale, Allerhand, Sayer, Cooper, & Deary, 2014; Krall et al., 2014; Stijntjes et al., 2017; Tian, An, Resnick, & Studenski, 2016）。例如，分别在美国和荷兰进行的两项

老年研究表明，基线认知功能与后续握力变化有关，而基线握力与后续认知功能变化无关（Atkinson et al., 2009; Taekema et al., 2012）。然而，这一结论与针对墨西哥裔美国老年人的研究不一致，该研究表明，基线握力越差的人认知功能衰退得越迅速（Alfaro-Acha et al., 2006）。还有研究指出，荷兰高龄老人（即 85—90 岁）的认知功能与握力之间存在双向关系（Stijntjes et al., 2017）。除了社会背景和研究方法等因素的差异，这些不一致的研究结果还可能归因于一些数据采集方面的差异，如受访者的特征、追踪持续时间，以及身体功能和认知功能的测量方法等（Tian et al., 2016）。

（二）身体功能与认知功能之间的潜在中介因素

如前文所述，尽管越来越多的研究关注晚年身体功能与认知功能之间的关系，但学者们对这种关系的内在机制却知之甚少。由于体育活动与身体功能之间可能互为因果关系，而体育活动与认知功能之间也可能互为因果关系，因此体育活动可能是一种中介因素。既有研究表明，体育活动对身体功能具有保护作用（Chmelo et al., 2015; Miszko et al., 2003; Serra-Rexach et al., 2011），而良好的身体功能则是进行体育活动的前提（Krall et al., 2014）。以往研究也涉及了体育活动与认知功能之间的关系，揭示出晚年体育活动与认知功能（尤其是执行功能）之间存在积极的双向关系（Daly, McMinn, & Allan, 2015）。增加认知储备和降低心脑血管疾病风险可能是体育活动有益于晚年认知健康的原因（Fratiglioni et al., 2004）。综上，体育活动可能是身体功能和认知功能之间双向关系的中介因素。然而，最近的一项研究未能证实体育活动的中介效应（Best et al., 2016）。一种可能的解释是，该研究仅依赖于受访者报告的步行时间作为衡量体育活动的指标，而这一指标过于简单，无法捕捉到全面的体育活动情况。

除了体育活动，社会参与——即参与同他人互动的活动（Oshio & Kan, 2019）——被认为是与晚年健康密切相关的另一个生活方式因素。尽管以往研究对“社会参与”有各种不同的定义，但本章将“社会参与”限定为参与社交活动和棋牌等智力活动。社会参与和身体功能很可能相互影响。一项研究发现，中年时社会参与频率较高的人在老年时拥有更好的身体功能，这说明社会参与对身体功能具有一定保护作用（Vusirikala et al., 2019）。此外，身体功能受限是限制社会参与的因素之一（Ness, Wall, Oakes, Robison, & Gurney, 2006）。关于社会参与和认知功能之间的关系，以往研究表明，老年人的社会参与和认知功能之间存在双向关系。有研究指出，基线调查时参加智力（如国际象棋、拼图）和社交（如俱乐部）活动的老年人比不参与上述活动的老年人认知功能衰退得更慢；同时，基线调查中认知功能水平较高的老年人随后更有可能参加智力和社交活动（Bosma et al., 2002）。鉴于社会参与和身体功能可能相互影响，而社会参与和认知功能之间也可能相互影响，因此推测社会参与可能是连接晚年身体功能和认知功能之间双向关系的另一渠道。

（三）以往研究的局限性

以往研究在方法上有一定不足，其中最突出的是无法厘清身体功能和认知功能之间的时序关系。例如，一些研究采用了潜在增长曲线模型（latent growth curve model, LGCM）来分析这种关系（Bishop, Eggum-wilkens, Haas, & Kronenfeld, 2016; Deary et al., 2011），这对于研究身体和认知功能的相互影响而言过于简单化（Barker, Rancourt, & Jelalian, 2013）。具体而言，LGCM 仅提供初始身体功能与初始认知功能之间的同期关联、身体功能变化率与认知功能变化率之间的同期关联，以及初始身体功能或认知功能与另一功能变化率之间的关联。因此，LGCM 既不能按时间顺序评估身体功能和认知功能之间的双向关系，也不能按时间顺序评估身体功能变化和认知功能变化之间的双向关系。

此外，虽然有一些研究探究了身体功能和认知功能之间的关系，但很少有研究分析一种功能的变化与另一种功能后续变化之间的关系。此前只有一项研究通过考虑每种功能的个体内历时性比较，分析了身体功能或认知功能的变化是否会预测另一种功能的后续变化（Best et al., 2016）。还需要更多的研究来考察身体功能变化和认知功能变化之间的相互作用，因为如果上述关系确实存在，那么一种功能的衰退就可被视为另一种功能后续衰退的预警，从而有利于及早开展综合性健康干预。

三、研究设计

（一）数据

本章使用的数据来自 2008—2009 年（T1）、2011—2012 年（T2）和 2014 年（T3）三次“中国老年健康影响因素跟踪调查”（CLHLS）。调查随机抽取的样本来自中国大陆地区31个省级行政区划单位中的22个，这些省（自治区、直辖市）的人口合计约占全国总人口的85%。CLHLS致力于访问抽样区县的所有百岁老人，目标受访者的年龄为65岁及以上，各性别每个年龄的受访者数量大致相同。每期调查的应答率均超过95%（Gu, Feng, & Yeung, 2019）。

本章只选择至少65岁且在三次调查中的关键变量（即身体功能、认知功能、体育活动和社会参与）都被完整评估的受访者作为分析对象。此外，基线调查中存在严重认知障碍（MMSE得分＜10）的受访者（Gu et al., 2019）由于其自报信息可能存在偏差而被剔除，这是以往研究筛选样本的常用方法（Best et al., 2016; Krall et al., 2014; Mielke et al., 2012; Stijntjes et al., 2017; Tian et al., 2016）。根据以上标准，本章的最终分析样本包括了4232名受访者。为了处理控制变量的缺失数据，笔者采用了基于追踪数据的链式方程进行多重填补（multiple imputation），并基于生成的20个拓展数据集，使用鲁宾法则（Rubin's rules）估计回归系数和稳健标准误（Rubin, 1987）。

此外，笔者采用逆概率样本流失加权法（IPAW）来减小由样本选择性流失（样本流失原因包括死亡和失访）造成的偏差。首先，将基线受访者分为两类，即在第二期和第三期均存活且成功追访的个案（=1）和在后续调查中死亡或失访的个案（=0）。其次，以受访者的上述二分类型为因变量、以受访者特征（包括基线数据中的身体功能、认知功能、年龄、年龄平方、性别、城市/农村居住地、居住格局、受教育程度、是否农民以及省份固定效应）为自变量构造 Logit 回归模型，估计各受访者在随后的第二、三期调查中都被成功追访的概率，此概率的倒数即为逆概率样本流失权重。最后，为确保数据的代表性并减少选择性偏差，笔者用抽样权重乘以逆概率样本流失权重来作为各受访者的最终权重。抽样权重由 CLHLS 提供，与 2008 年 22 个抽样省份 65 岁及以上人口的年龄、性别、城乡分布的真实情况相匹配。IPAW 方法使那些流失概率更高的个案被赋予了更大的权重，从而在一定程度上挽回了流失样本的代表性。

（二）变量测量

1. 自变量和因变量

由于本章旨在分析身体功能和认知功能之间的双向关系，因此身体功能和认知功能既是自变量，也是因变量。

身体功能通过调查过程中的三项测试来评估（Zeng, Feng, Hesketh, Christensen, & Vaupel, 2017）：（1）受访者是否可以不用手支撑而完成从坐在椅子上到站立的动作。（2）受访者是否可以站立俯身从地上拾起一本书。（3）受访者是否可以在无人帮助的条件下原地转身 360 度。每项测试的得分都是二分变量，“是”计 1 分，“否”计 0 分。三项测试的克隆巴赫系数（Cronbach’s alpha）值为 0.805，表明测试结果具有较高的内部一致性（Taber, 2018）。笔者基于三项测试的验证性因子分析结果构建了身体功能指数，取值在 −0.53 至 0.26 之间，得分越高代表身体功能越强。该指数解释了总方差的 82.8%，所有项目的因子载荷均大于 0.6，表明其有效性是可接受的（Acock, 2013）。

认知功能来自中文版微型精神状态测验（mini-mental state examination, MMSE）（Cronbach's alpha=0.95）。MMSE 的所有子域（包括定向力测试、注意力、计算能力、记忆能力和语言能力等）均符合国际标准（Zeng & Vaupel, 2002）。MMSE 分值范围为 0 至 30 分，分数越高代表整体认知功能越好。

2. 潜在中介变量

体育活动和社会参与是两个潜在的平行中介因素。体育活动基于受访者对以下两个问题的回答：（1）您多久进行一次户外活动？（2）您现在是否有规律地锻炼身体？前一个问题的答案采用 1—5 分制（1= 从不；2= 每月不做，但有时做；3= 每周不做，但每月至少做一次；4= 每天不做，但每周至少做一次；5= 每天或几乎每天做），后一个问题的答案采用二分法，1 表示"是"，0 表示"否"（Cronbach's alpha=0.62）。笔者将这两个项目的标准分（Z-score）相加来构建体育活动指标。

社会参与由两个项目组成，即"与他人下棋、打牌或打麻将"和"参加有组织的社交活动"。参考以往研究（Gu et al., 2019），笔者没有将这两个项目相加，而是将参与者分为经常参与（=1）（如果每月至少参与一次这两项活动中的一项）和不经常参与或没有参与（=0）两类。如此处理是因为这两个项目的 Cronbach's alpha 值仅为 0.32；题目间相关系数也仅为 0.19，低于 0.2 的下限（de Vet, Terwee, Mokkink, & Knol, 2011），说明其内部一致性较低。

3. 控制变量

模型中包含了五个非时变控制变量：（1）性别；（2）民族（汉族或少数民族）；（3）受教育年限（0 年、1—6 年、6

年以上）;（4）60 岁前的主要职业（农民或其他职业）;（5）省份固定效应。此外，还纳入了七个时变控制变量:（1）年龄;（2）城市/农村居住地;（3）居住格局（单独居住、仅与配偶同住、与配偶和子女同住、仅与子女同住、居住在隔代家庭、居住在养老院、其他或未知）;（4）是否用于日常开支的经济资源不足（受访者或代答者汇报）;（5）是否吸烟;（6）是否过度饮酒（每天至少饮用 200 克白酒或 400 克啤酒）（Li & Zhang, 2015）;（7）受访者或代答者汇报的是否患有以下疾病：心脏病、高血压、中风、糖尿病、帕金森症。除了受访者或代答者汇报的高血压信息，还将收缩压测量值偏高（＞140 mmHg）的受访者归类为高血压患者。此外，模型中加入的是滞后一期的时变控制变量，以避免控制变量和内生变量之间可能存在反向因果关系。表 6-1 汇报了主要变量的描述性统计。

表 6-1　主要变量在 2008—2009 年（T1）、2011—2012 年（T2）、2014 年（T3）的加权样本描述性统计（未加权 n=4 232，加权 n=14 042）

变量	T1	T2	T3
	均值（标准差）或百分比		
身体机能（−0.53—0.26）	0.20（0.18）	0.18（0.20）	0.13（0.25）
不用手支撑从椅子上站起来 / %	90.26	90.26	84.55
从地上捡起一本书 / %	91.07	88.59	81.31
原地转 360 度 / %	93.19	90.66	86.07
认知功能 [MMSE 得分]（0—30）	27.49（3.30）	26.85（4.36）	26.13（5.36）
认知障碍 / %	3.47	6.17	9.26
体育活动 −2.34—2.05）	0.12（1.63）	0.31（1.72）	0.03（1.77）

续表

变量	T1	T2	T3
	均值（标准差）或百分比		
经常锻炼 / %	41.35	50.71	42.33
户外活动（1—5）	3.77（1.65）	3.77（1.69）	3.58（1.76）
社会参与 / %	29.13	27.58	25.89
打牌 / 打麻将 / %	20.69	19.68	18.76
参加有组织的社交活动 / %	12.65	11.43	10.96
年龄（65—111）	73.06（6.24）	76.09（6.25）	78.93（6.27）
男性 / %	48.32	48.32	48.32
汉族 / %	94.63	94.63	94.63
居住于城市 / %	42.46	56.21	61.36
居住格局 / %			
独自一人	14.22	15.65	17.16
仅与配偶同住	37.33	31.18	29.14
与配偶和子女同住	19.21	19.08	16.17
仅与子女同住	22.61	26.45	29.56
隔代家庭	3.67	3.39	2.92
住养老院	0.83	1.15	1.30
其他或未知	2.11	3.10	3.74
受教育年限			
未受过正规教育	41.77	41.77	41.77
1—6 年	39.52	39.52	39.52
6 年以上	18.71	18.71	18.71
60 岁前职业为农民 / %	62.65	62.65	62.65
经济资源不足 / %	21.52	23.61	19.52
吸烟 / %	24.45	22.53	20.07
饮酒过量 / %	4.37	4.03	5.36
心脏病 / %	11.38	14.79	16.95
高血压 / %	76.22	76.90	78.24
中风 / %	6.28	8.55	11.68
糖尿病 / %	4.16	6.11	8.46
帕金森症 / %	0.12	0.74	1.08

（三）实证方法

为了探索身体功能和认知功能之间的时序关系，笔者采用交叉滞后面板模型（cross-lagged panel model, CLPM）开展研究。每个 CLPM 模型都采用了准最大似然估计（quasi-maximum likelihood estimation, QMLE）方法，以降低非正态分布变量给估计带来的偏差（Hartwell, Khojasteh, Wetherill, Croff, & Wheeler, 2019）。此外，本章在分析的每个阶段都对样本做了加权处理，即以前文提到的每位受访者的最终权重作为抽样权重。

图 6–1 所示的概念框架图展示了评价身体功能和认知功能之间双向关系的 CLPM 模型，此图以及下文的概念框架图都省略了控制变量。图 6–1 模型重点研究前一期的身体功能对当前认知功能的直接效应（用 a_1 和 a_2 表示）以及前一期的认知功能对当前身体功能的直接效应（用 b_1 和 b_2 表示）。为了得出整个观察期内的平均效应，笔者进一步设定两个时间段内含义相同的系数相等，即 $a_1=a_2$，$b_1=b_2$，$\gamma_1=\gamma_2$，$\eta_1=\eta_2$，$\theta_1=\theta_2$，这样既简化了回归系数，又使本研究的结论与以往研究更具可比性（Krall et al., 2014; Stijntjes et al., 2017; Tian et al., 2016）。

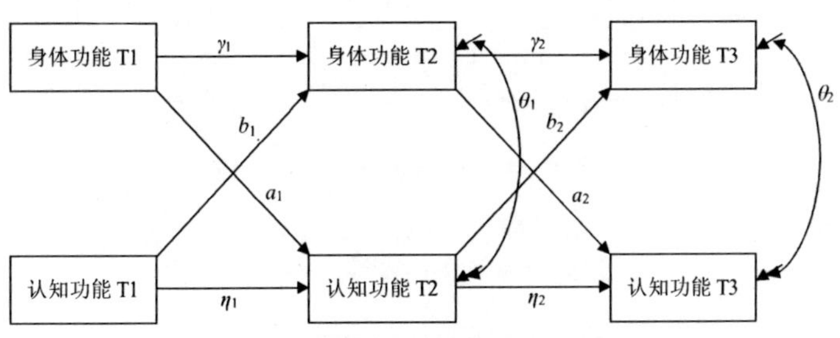

图 6-1　评估身体功能和认知功能之间交叉滞后关系的概念框架图

接下来，笔者根据图 6−2 所示的概念框架图研究了身体功能变化和认知功能变化之间的潜在双向关系。参考以往研究（Best et al., 2016），该模型旨在回答身体功能的变化是否能预测认知功能的后续变化，以及认知功能的变化是否能预测身体功能的后续变化。个人身体功能的早期变化（即图 6−2 中的“早期 ΔPF”）是 T2 和 T1 时点的身体功能得分之差，而身体功能的晚期变化（即图 6−2 中的“晚期 ΔPF”）是 T3 和 T2 时点的身体功能得分之差。个人认知功能的早期变化（即图 6−2 中的“早期 ΔCF”）和晚期变化（即图 6−2 中的“晚期 ΔCF”）与上述身体功能变化的计算原理一致。这里重点关注基线身体功能或认知功能对另一功能早期和晚期变化的直接效应，以及身体或认知功能的早期变化对另一功能晚期变化的直接效应。

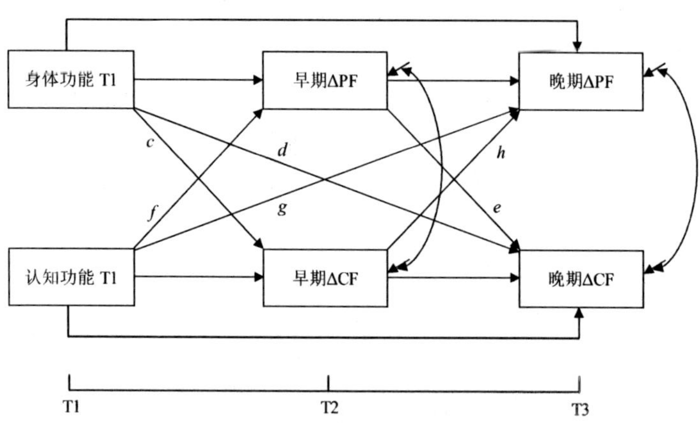

图 6−2　评估身体功能变化和认知功能变化之间交叉滞后关系的概念框架图

注：“ΔPF”指身体功能的变化，即当期身体功能得分减去前一期身体功能得分；“ΔCF”指认知功能的变化，即当期认知功能得分减去前一期认知功能得分。

然后，笔者分析了体育活动和社会参与在身体功能和认知功能之间双向关系中所发挥的中介作用。图 6-3 展示了相关的 CLPM 概念框架图，笔者为了分离直接效应和间接效应使用了三期数据。T1 时点一种功能对 T3 时点另一功能的总效应被分解为一种功能对另一功能的直接效应和 T2 时点一种功能通过体育活动和社会参与对另一功能的间接效应。

最后，笔者进行了四组敏感性分析以检验研究结果的稳健性。第一，检验剔除基线认知障碍的个体（n=259）后是否能得到相似结果。参考既有文献（Zhu, Qiu, Zeng, & Li, 2017），未受过教育、中等教育程度（1—6 年学校教育）和高教育程度（7 年或 7 年以上学校教育）的中国老年人的认知障碍阈值分别为 MMSE 评分＜ 18 分、MMSE 评分＜ 21 分和 MMSE 评分＜ 25 分。第二，检验剔除基线身体功能得分最低的个体（n=144）后是否能得到相似结果。第三，使用多重填补法（拓展数据集个数 m=20）对 T2 和 T3 的相关变量（即身体功能、认知功能、体育活动和社会参与）的缺失值进行填充，以减轻由于完成评估者和未完成评估者之间的差异引起的偏差。第四，鉴于前文的三个身体功能指标只能反映较简单的身体活动能力，笔者从工具性日常生活活动（instrumental activities of daily living, IADL）量表中提取了另外三个项目，并使用验证性因子分析将其与之前使用的三个项目相结合，重建了一个替代测量指标。这些附加项目是受访者或其代答者对以下三个问题的回答：（1）“您（即受访者）可以自己连续行走 1 千米吗？（1= 是，0= 否，下同）”（2）“您能举起 5 千克重的东西吗？”（3）“您能连续蹲下和站起三次吗？”六个项目的 Cronbach’s alpha 为 0.88。

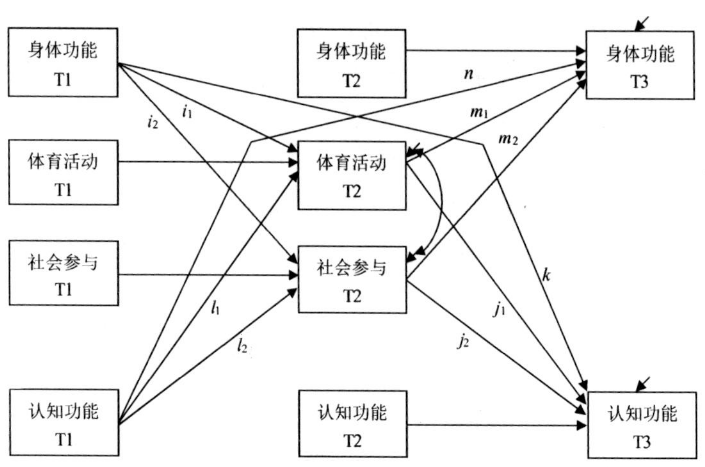

图 6-3　评估身体功能和认知功能双向关系中介效应的概念框架图

四、身体与认知功能的双向关系及其机制

表 6-1 的描述性统计显示，平均身体功能得分从 T1 时点的 0.20 降至 T3 时点的 0.13，T1 和 T3 时点的均值相差 0.30 个合并标准差（pooled standard deviation），即 Cohen's d=0.30。由于 Cohen's d ＞ 0.2 的临界值（Cohen, 1988），因此这一差异不容忽视。如果将这一差异转化为身体功能的具体变化，可以看出，不用手支撑而从椅子上站起来、从地上捡起一本书、在没有帮助的情况下转体 360 度的受访者比例分别从 T1 时点的 90.26%、91.07% 和 93.19% 下降到 T3 时点的 84.55%、81.31% 和 86.07%。认知功能的平均得分从 T1 时点的 27.49 分降至 T3 时点的 26.13 分，T1 和 T3 时点的均值之差为 0.31 个合并标准差。更具体地说，有认知障碍的受访者比例从 T1 时点的 3.47% 增加到 T3 时点的 9.26%。此外，三期数据的身体功能得分

有比较显著的差异 [F（2, 12 696）=92.29，$p < 0.001$]，认知功能得分也有显著差异 [F（2,12 696）=91.98，$p < 0.001$]，这表明在 T1 至 T3 期间，这两种功能都显著下降。

表 6-2 展示了评估身体功能与认知功能之间交叉滞后关系的模型结果。如前文所述，为了得出从 T1 至 T3 整个时间段内的平均效应，使本章的研究结果与既有研究更具可比性，笔者设定两个时间段内含义相同的系数相等（即 $a_1=a_2$，$b_1=b_2$），估计结果显示身体功能和认知功能之间存在正向的双向关系。为了比较身体功能与后续认知功能之间关系和认知功能与后续身体功能之间关系的强弱，笔者计算了 $a_1=a_2$ 且 $b_1=b_2$ 条件下的标准化系数。标准化系数指的是，前一期的一种功能每增加 1 个基线标准差，则另一功能就会发生多少个第二期标准差的变化。具体而言，身体功能每增加 1 个基线标准差，则后续认知功能就会增加 0.096 个第二期标准差。同样，认知功能每增加 1 个基线标准差，则后续身体功能就会增加 0.071 个第二期标准差。此外，估算结果表明这两个标准化系数之间没有实质性差异（p=0.231），因此没有证据表明，身体功能对后续认知功能的效应显著不同于认知功能对后续身体功能的效应。

表 6-2　身体功能与认知功能的交叉滞后关系评估（n=4 232）

路径	系数		标准化系数	
	点估计	95%CI	点估计	95%CI
身体功能 $_{T-1}$ →认知功能 $_T$（$a_1=a_2$）	2.492	[1.426, 3.559]	0.096	[0.057, 0.136]
认知功能→身体功能（$b_1=b_2$）	0.005	[0.002, 0.007]	0.071	[0.033, 0.108]

表 6-3 汇报了基线身体功能或认知功能与后续另一功能变化之间关系的估计结果，以及身体功能变化和认知功能变化之间双向关系的估计结果。可以发现，基线身体功能与认知功能的早期和晚期变化均呈显著正相关，表明初始身体功能越好，则后续认知功能下降越慢。与之类似，初始认知功能越好，后续身体功能也下降得越慢。身体功能变化和认知功能变化呈显著正相关，这说明身体功能下降得越快，则认知功能下降得越快，反之亦然。此外，鉴于身体功能变化与后续认知功能变化之间的标准化系数（即 0.137）和认知功能变化与后续身体功能变化之间的标准化系数（即 0.078）没有显著差异（p=0.086），因此没有确凿证据表明身体功能变化对后续认知功能变化的效应显著不同于认知功能变化对后续身体功能变化的效应。

表 6-3　身体功能变化与认知功能变化的交叉滞后关系评估（n=4 232）

路径	系数		标准化系数	
	点估计	95%CI	点估计	95%CI
身体功能 $_{T1}$ →早期 ΔCF（c）	1.455	[0.146, 2.765]	0.057	[0.005, 0.108]
身体功能 $_{T1}$ →晚期 ΔCF（d）	4.036	[2.241, 5.831]	0.145	[0.081, 0.210]
早期 ΔPF →晚期 ΔCF（e）	3.122	[1.938, 4.305]	0.137	[0.086, 0.188]
认知功能 $_{T1}$ →早期 ΔPF（f）	0.003	[−0.000, 0.007]	0.051	[−0.005, 0.107]
认知功能 $_{T1}$ →晚期 ΔPF（g）	0.005	[0.001, 0.009]	0.068	[0.018, 0.119]
早期 ΔCF →晚期 ΔPF（h）	0.004	[0.002, 0.007]	0.078	[0.035, 0.122]

表 6-4 第（1）列展示了以身体功能为自变量、认知功能为因变量的中介分析结果，第（2）列展示了以认知功能为自变量、身体功能为因变量的中介分析结果。基线身体功能对 T3 时点认知功能的总效应被分解为基线身体功能对 T3 时点认知功能的直接效应（即 k），以及基线身体功能通过 T2 时点体育活动和社会参与对 T3 时点认知功能的间接效应（即 $i_1 \times j_1$ 和 $i_2 \times j_2$）。同样，笔者也估计了基线认知功能对 T3 时点身体功能的直接效应（即 n），以及基线认知功能通过 T2 时点的体育活动和社会参与对 T3 时点身体功能的间接效应（即 $l_1 \times m_1$ 和 $l_2 \times m_2$）。

表 6-4 第（1）列的中介分析结果表明，基线身体功能对 T3 时点认知功能的影响在一定程度上由 T2 时点的体育活动发挥了中介作用。具体而言，较好的基线身体功能与 T2 时点更积极的体育活动相关，而后者又与 T3 时点较好的认知功能相关。基线身体功能对后续认知功能的总效应、直接效应以及通过体育活动产生的间接效应均为正数，且具有统计学意义。通过体育锻炼产生的间接效应占身体机能对认知功能总效应的 8.1%。相比之下，基线身体功能并不能显著预测 T2 时点的社会参与，但 T2 时点的社会参与却能显著预测 T3 时点的认知功能。因此，没有充分的证据表明社会参与在身体功能和认知功能之间发挥了中介作用。第（2）列的中介分析结果表明，基线认知功能对后续身体功能的总效应、直接效应以及通过体育活动产生的间接效应均为正数，且具有统计学意义。体育活动在认知功能对身体功能的影响中发挥了一定的中介作用，通过体育活动产生的间接效应占总效应的 13.4%。相比之下，虽然基线认知功能可以显著

预测 T2 时点的社会参与，但 T2 时点的社会参与并不能显著预测 T3 时点的身体功能。因此，社会参与也并没有在认知功能和身体功能之间起到中介作用。

表 6-4　中介效应分析结果（n=4 232）

路径 / 分解效应	（1）	（2）
因变量	认知功能 $_{T3}$	身体功能 $_{T3}$
自变量	身体功能 $_{T1}$	认知功能 $_{T1}$
自变量→体育活动 $_{T2}$（i_1 或 l_1）	0.935 [0.483, 1.387]	0.040 [0.018, 0.063]
体育活动→因变量（j_1 或 m_1）	0.178 [0.076, 0.281]	0.013 [0.008, 0.019]
自变量→社会参与（i_2 或 l_2）	−0.019 [−0.107, 0.069]	0.006 [0.001, 0.011]
社会参与→因变量（j_2 或 m_2）	0.482 [0.142, 0.822]	0.011 [−0.007, 0.028]
通过体育活动的间接效应（$i_1 \times j_1$ 或 $l_1 \times m_1$）	0.167 [0.041, 0.293]	0.001 [0.000, 0.001]
通过社会参与的间接效应（$i_2 \times j_2$ 或 $l_2 \times m_2$）	−0.009 [−0.053, 0.034]	0.000 [−0.000, 0.000]
直接效应（k 或 n）	1.910 [0.390, 3.430]	0.003 [0.000, 0.007]
总效应	2.068 [0.521, 3.614]	0.004 [0.001, 0.008]
由体育活动中介的比例 / %	8.069 [0.514, 15.624]	13.358 [0.559, 26.158]
由社会参与中介的比例 / %	−0.450 [−2.615, 1.715]	1.584 [−1.421, 4.589]

注：中括号内是 95%CI。

附表 6-1 至附表 6-12 展示了四组敏感性分析结果，即通过剔除基线认知功能受损的个案、剔除基线身体功能最差的个案、多重填补法补充缺失值、替换身体功能指标等方式重新选取分析样本，并基于新样本进行分析。所有敏感性分析的结果都与表 6-2 至表 6-4 的主要分析结果非常相似，这说明上述研究结果是较为稳健的。

五、本章小结

本章利用三期 CLHLS 数据，研究了老年人身体功能与认知功能之间的双向关系。交叉滞后面板模型结果显示，中国老年人的身体功能与认知功能之间存在双向关系，身体功能衰退与认知功能衰退之间也存在双向关系。这意味着一种功能的衰退可能是另一功能衰退的预警。同时，体育活动在身体功能和认知功能之间的双向关系中发挥了中介作用，这表明增加体育活动可以在一定程度上打破身体功能衰退与认知功能衰退相互促进的恶性循环。同时，尽管社会参与和认知功能之间存在双向关系，但没有证据表明社会参与是连接身体功能和认知功能之间双向关系的中介因素。敏感性分析表明，基线认知功能障碍、极差的基线身体功能以及调整身体功能测量的方法等都不会改变上述结论。

与本章的研究结论一致，越来越多的研究证实，体育活动对晚年的身体功能和认知功能具有积极影响。最近的随机对照试验（randomized controlled trial, RCT）研究支持了体育活动对晚年身体功能的保护作用，运动干预在改善老年人的活动能力和力量等方面发挥了积极作用（Chmelo et al., 2015; Miszko et al., 2003; Serra-Rexach et al., 2011）。同时，体育锻炼有助于保持心脑血管健康，从而保护中枢神经系统（Hötting & Röder, 2013）。先前的研究表明，进行高水平体育锻炼的人可显著防止认知功能下降，即使是中低水平的锻炼也可显著防止认知障碍（Sofi et al., 2011）。总之，促进老年人进行体育锻炼可对其身体功能和认知功能起到保护作用，因此是实现健康老龄化的关键措施。

与以往研究（Bosma et al., 2002）一致，本章的研究结果表明，社会参与和认知功能之间存在双向关系。然而，本章没有发现身体功能与社会参与之间有任何方向的联系，这就是为何本章的分析结果显示，社会参与不是身体功能和认知功能之间的中介因素。本章中社会参与的中介效应不显著有两种可能的解释。第一，囿于数据，本章没有利用一个全面的指标来衡量社会参与的各个方面。参考以往利用CLHLS进行的研究（Gu et al., 2019; Li & Zhang, 2015），本章将社会参与限定为参与精神活动和社交活动，即与他人打牌（或下棋、打麻将）和参加有组织的社交活动。尽管这些活动可能有助于通过增强神经回路的功能和可塑性来发展认知储备（Cheng, 2016），但它们可能无助于改善或维持身体功能。现有的RCT研究表明，只有参与需要消耗体能的活动，如参加社区的体育俱乐部（Levy, Thralls, Goble, & Krippes, 2020）或志愿服务（Hong & Morrow-Howell, 2010），才能有效延缓老年人的身体功能衰退。由于本章涉及的两种社会参与都不需要明显的体能消耗，因此它们对身体功能没有保护作用也是可以理解的。第二，可能只有长期的社会参与才能对身体功能产生显著影响。例如，已有研究表明，中年时期的社会参与频率与老年时期的身体功能呈正相关，只有当较高水平的社会参与持续一段时间后，才能观察到晚年较好的身体功能表现（Vusirikala et al., 2019)。

本研究具有两大优势。其一，利用中国具有全国代表性的追踪数据，本章内容是少数几个在发展中国家背景下分析晚年身体功能和认知功能之间交叉滞后关系的研究。因此，该研究能够拓展人们对衰老过程中身体功能和认知功能之间双向关系的理解。其二，本章评估了身体功能和认知功能之间双向关系的潜在机制，发现体育活动是一个中介因素，这为如何开展健康干预提供了依据。

本研究也存在一些局限性。其一，由于 CLHLS 提供的变量有限，体育活动指标没有对不同类型的运动和日常生活中的偶然活动进行分类。以往研究显示，有氧运动和抗阻运动对身体和认知健康具有不同的影响。例如，虽然有氧运动和抗阻运动都有益于身体功能，但两者对于身体功能特定子域的益处各有千秋（Chmelo et al., 2015），且有氧运动比抗阻运动更有助于提高认知储备（Cheng, 2016）。因此，未来研究需要提出更科学的体育锻炼安排，以有效打破身体功能衰退和认知功能衰退之间的恶性循环。其二，本章的社会参与仅涉及打牌（或下棋、打麻将）和参加有组织的社交活动这两个方面。未来研究应该提供更可靠、更详细的测量方法衡量社会参与的更多维度。

参考文献

[1] Acock, Alan C. (2013). *Discovering Structural Equation Modeling Using Stata*. College Station: Stata Press.

[2] Alfaro-Acha, Ana, Snih, Soham Al, Raji, Mukaila A., Kuo, Yong-Fang, Markides, Kyriakos S., & Ottenbacher, Kenneth J. (2006). Handgrip Strength and Cognitive Decline in Older Mexican Americans. *The Journals of Gerontology*: *Series A*, 61(8), 859−865.

[3] Atkinson, Hal H., Rapp, Stephen R., Williamson, Jeff D., Lovato, James, Absher, John R., Gass, Margery, ...Espeland, Mark A. (2009). The Relationship Between Cognitive Function and Physical Performance in Older Women: Results from the Women's Health Initiative Memory Study. *The Journals of Gerontology*: *Series A*, 65A(3), 300−306.

[4] Barker, David H., Rancourt, Diana, & Jelalian, Elissa. (2013). Flexible Models of Change: Using Structural Equations to Match Statistical and Theoretical Models of Multiple Change Processes. *Journal of Pediatric Psychology*, 39(2), 233−245.

[5] Best, John R., Liu-Ambrose, Teresa, Boudreau, Robert M., Ayonayon, Hilsa N., Satterfield, Suzanne, Simonsick, Eleanor M.,...Study, Body Composition. (2016). An Evaluation of the Longitudinal, Bidirectional

Associations Between Gait Speed and Cognition in Older Women and Men. *The Journals of Gerontology: Series A*, 71(12), 1616−1623.

[6] Bishop, Nicholas J., Eggum-wilkens, Natalie D., Haas, Steven A., & Kronenfeld, Jennie J. (2016). Estimating the Co-Development of Cognitive Decline and Physical Mobility Limitations in Older U.S. Adults. *Demography*, 53(2), 337−364.

[7] Bosma, Hans, van Boxtel, Martin P. J., Ponds, R. W. H. M., Jelicic, Marko, Houx, Peter, Metsemakers, Job, & Jolles, Jelle. (2002). Engaged Lifestyle and Cognitive Function in Middle and Old-Aged, Non-Demented Persons: A Reciprocal Association? *Zeitschrift für Gerontologie und Geriatrie*, 35(6), 575−581.

[8] Boyle, Patricia A., Buchman, Aron S., Wilson, Robert S., Leurgans, Sue E., & Bennett, David A. (2009). Association of Muscle Strength With the Risk of Alzheimer Disease and the Rate of Cognitive Decline in Community-Dwelling Older Persons. *JAMA Neurology*, 66(11), 1339−1344.

[9] Cheng, Sheung-Tak. (2016). Cognitive Reserve and the Prevention of Dementia: The Role of Physical and Cognitive Activities. *Current Psychiatry Reports*, 18(9), 85.

[10] Chmelo, Elizabeth A., Crotts, Charlotte I., Newman, Jill C., Brinkley, Tina E., Lyles, Mary F., Leng, Xiaoyan,...Nicklas, Barbara J. (2015). Heterogeneity of Physical Function Responses to Exercise Training in Older Adults. *Journal of the American Geriatrics Society*, 63(3),

462－469.

[11] Clouston, Sean A. P., Brewster, Paul, Kuh, Diana, Richards, Marcus, Cooper, Rachel, Hardy, Rebecca,...Hofer, Scott M. (2013). The Dynamic Relationship Between Physical Function and Cognition in Longitudinal Aging Cohorts. *Epidemiologic Reviews*, 35(1), 33－50.

[12] Cohen, Jacob. (1988). *Statistical Power Analysis for the Behavioral Sciences* (*2nd Edition*). New York: Routledge.

[13] Daly, Michael, McMinn, David, & Allan, Julia L. (2015). A bidirectional relationship between physical activity and executive function in older adults. *Frontiers in Human Neuroscience*, 8, 1044.

[14] de Vet, Henrica C. W., Terwee, Caroline B., Mokkink, Lidwine B., & Knol, Dirk L. (2011). *Measurement in Medicine*: *A Practical Guide*. Cambridge: Cambridge University Press.

[15] Deary, Ian J., Johnson, Wendy, Gow, Alan J., Pattie, Alison, Brett, Caroline E., Bates, Timothy C., & Starr, John M. (2011). Losing One's Grip: A Bivariate Growth Curve Model of Grip Strength and Nonverbal Reasoning From Age 79 to 87 Years in the Lothian Birth Cohort 1921. *The Journals of Gerontology*: *Series B*, 66*B*(6), 699－707.

[16] Dias, João Marcos. (2014). Physical Functioning (PF). In Alex C. Michalos (Ed.), *Encyclopedia of Quality of Life and Well-Being Research* (pp. 4793－4795). Dordrecht: Springer Netherlands.

[17] Dodge, Hiroko H., Kadowaki, Takashi, Hayakawa,

Takehito, Yamakawa, Masanobu, Sekikawa, Akira, & Ueshima, Hirotugu. (2005). Cognitive Impairment as a Strong Predictor of Incident Disability in Specific ADL-IADL Tasks Among Community-Dwelling Elders: The Azuchi Study. *The Gerontologist*, 45(2), 222−230.

[18] Fratiglioni, Laura, Paillard-Borg, Stephanie, & Winblad, Bengt. (2004). An Active and Socially Integrated Lifestyle in Late Life Might Protect Against Dementia. *The Lancet Neurology*, 3(6), 343−353.

[19] Gale, Catharine R., Allerhand, Michael, Sayer, Avan Aihie, Cooper, Cyrus, & Deary, Ian J. (2014). The Dynamic Relationship Between Cognitive Function and Walking Speed: The English Longitudinal Study of Ageing. *AGE*, 36(4), 9682.

[20] Gatz, Margaret, Reynolds, Chandra A., Finkel, Deborah, Pedersen, Nancy L., & Walters, Ellen. (2010). Dementia in Swedish Twins: Predicting Incident Cases. *Behavior Genetics*, 40(6), 768−775.

[21] Goins, R. Turner, & Pilkerton, Courtney S. (2010). Comorbidity Among Older American Indians: The Native Elder Care Study. *Journal of Cross-Cultural Gerontology*, 25(4), 343−354.

[22] Gu, Danan, Feng, Qiushi, & Yeung, Wei-Jun Jean. (2019). Reciprocal Dynamics of Solo-Living and Health Among Older Adults in Contemporary China. *The Journals of Gerontology*: *Series B*, 74(8), 1441−1452.

[23] Guralnik, Jack M., Ferrucci, Luigi, Simonsick,

Eleanor M., Salive, Marcel E., & Wallace, Robert B. (1995). Lower-Extremity Function in Persons over the Age of 70 Years as a Predictor of Subsequent Disability. *New England Journal of Medicine*, 332(9), 556–562.

[24] Hartwell, Micah L, Khojasteh, Jam, Wetherill, Marianna S, Croff, Julie M, & Wheeler, Denna. (2019). Using Structural Equation Modeling to Examine the Influence of Social, Behavioral, and Nutritional Variables on Health Outcomes Based on NHANES Data: Addressing Complex Design, Nonnormally Distributed Variables, and Missing Information. *Current Developments in Nutrition*, 3(5), nzz010.

[25] Hong, S. I., & Morrow-Howell, Nancy. (2010). Health Outcomes of Experience Corps®: A High-Commitment Volunteer Program. *Social Science & Medicine*, 71(2), 414–420.

[26] Hötting, Kirsten, & Röder, Brigitte. (2013). Beneficial Effects of Physical Exercise on Neuroplasticity and Cognition. *Neuroscience and Biobehavioral Reviews*, 37(9, Part B), 2243–2257.

[27] Inzitari, M., Newman, A. B., Yaffe, K., Boudreau, R., de Rekeneire, N., Shorr, R.,...Rosano, C. (2007). Gait Speed Predicts Decline in Attention and Psychomotor Speed in Older Adults: The Health Aging and Body Composition Study. *Neuroepidemiology*, 29(3–4), 156–162.

[28] Kelman, H. R., Thomas, C., Kennedy, G. J., & Cheng, J. (1994). Cognitive Impairment and Mortality in Older Community Residents. *American Journal of Public Health*, 84(8), 1255–1260.

[29] Kiely, Kim M. (2014). Cognitive Function. In Alex C. Michalos (Ed.), *Encyclopedia of Quality of Life and Well-Being Research* (pp. 974–978). Dordrecht: Springer Netherlands.

[30] Krall, Jenna R., Carlson, Michelle C., Fried, Linda P., & Xue, Qian-Li. (2014). Examining the Dynamic, Bidirectional Associations Between Cognitive and Physical Functioning in Older Adults. *American Journal of Epidemiology*, 180(8), 838–846.

[31] Levy, Susan S., Thralls, Katie J., Goble, Daniel J., & Krippes, Taylor B. (2020). Effects of a Community-Based Exercise Program on Older Adults' Physical Function, Activities of Daily Living, and Exercise Self-Efficacy: Feeling Fit Club. *Journal of Applied Gerontology*, 39(1), 40–49.

[32] Li, Ting, & Zhang, Yanlong. (2015). Social Network Types and the Health of Older Adults: Exploring Reciprocal Associations. *Social Science & Medicine*, 130, 59–68.

[33] Mielke, Michelle M., Roberts, Rosebud O., Savica, Rodolfo, Cha, Ruth, Drubach, Dina I., Christianson, Teresa,...Petersen, Ronald C. (2012). Assessing the Temporal Relationship Between Cognition and Gait: Slow Gait Predicts Cognitive Decline in the Mayo Clinic Study of Aging. *The Journals of Gerontology: Series A*, 68(8), 929–937.

[34] Miszko, Tanya A., Cress, M. Elaine, Slade, Jill M., Covey, Carlton J., Agrawal, Subodh K., & Doerr,

Christopher E. (2003). Effect of Strength and Power Training on Physical Function in Community-Dwelling Older Adults. *The Journals of Gerontology: Series A*, 58(2), M171–M175.

[35] Nelson, Lonnie A., Noonan, Carolyn J., Goldberg, Jack, & Buchwald, Dedra S. (2013). Social Engagement and Physical and Cognitive Health Among American Indian Participants in the Health and Retirement Study. *Journal of Cross-Cultural Gerontology*, 28(4), 453–463.

[36] Ness, Kirsten K., Wall, Melanie M., Oakes, J. Michael, Robison, Leslie L., & Gurney, James G. (2006). Physical Performance Limitations and Participation Restrictions Among Cancer Survivors: A Population-Based Study. *Annals of Epidemiology*, 16(3), 197–205.

[37] Ohrnberger, Julius, Fichera, Eleonora, & Sutton, Matt. (2017). The Relationship Between Physical and Mental Health: A Mediation Analysis. *Social Science & Medicine*, 195, 42–49.

[38] Oshio, Takashi, & Kan, Mari. (2019). Which is Riskier for Mental Health, Living Alone or Not Participating in any Social Activity? Evidence from a Population-Based Eleven-Year Survey in Japan. *Social Science & Medicine*, 233, 57–63.

[39] Rowe, John W., & Kahn, Robert L. (1997). Successful Aging. *The Gerontologist*, 37(4), 433–440.

[40] Rubin, Donald B. (1987). *Multiple Imputation for Nonresponse in Surveys*. New York: John Wiley & Sons.

[41] Serra-Rexach, José A., Bustamante-Ara, Natalia,

Hierro Villarán, Margarita, González Gil, Pedro, Sanz Ibáñez, Maria J., Blanco Sanz, Nekane,...Lucia, Alejandro. (2011). Short-Term, Light-to Moderate-Intensity Exercise Training Improves Leg Muscle Strength in the Oldest Old: A Randomized Controlled Trial. *Journal of the American Geriatrics Society*, 59(4), 594−602.

[42] Shetty, Priya. (2012). Grey Matter: Ageing in Developing Countries. *The Lancet*, 379(9823), 1285−1287.

[43] Sofi, F., Valecchi, D., Bacci, D., Abbate, R., Gensini, G. F., Casini, A., & Macchi, C. (2011). Physical Activity and Risk of Cognitive Decline: A Meta-Analysis of Prospective Studies. *Journal of Internal Medicine*, 269(1), 107−117.

[44] Stijntjes, Marjon, Aartsen, Marja J., Taekema, Diana G., Gussekloo, Jacobijn, Huisman, Martijn, Meskers, Carel G. M.,...Maier, Andrea B. (2017). Temporal Relationship Between Cognitive and Physical Performance in Middle-Aged to Oldest Old People. *The Journals of Gerontology: Series A*, 72(5), 662−668.

[45] Studenski, Stephanie, Perera, Subashan, Patel, Kushang, Rosano, Caterina, Faulkner, Kimberly, Inzitari, Marco,...Guralnik, Jack. (2011). Gait Speed and Survival in Older Adults. *JAMA*, 305(1), 50−58.

[46] Taber, Keith S. (2018). The Use of Cronbach's Alpha When Developing and Reporting Research Instruments in Science Education. *Research in Science Education*, 48(6), 1273−1296.

[47] Taekema, Diana G., Ling, Carolina H. Y., Kurrle,

Susan E., Cameron, Ian D., Meskers, Carel G. M., Blauw, Gerard J.,...Maier, Andrea B. (2012). Temporal Relationship Between Handgrip Strength and Cognitive Performance in Oldest Old People. *Age and Ageing*, 41(4), 506–512.

[48] Tian, Qu, An, Yang, Resnick, Susan M, & Studenski, Stephanie. (2016). The Relative Temporal Sequence of Decline in Mobility and Cognition Among Initially Unimpaired Older Adults: Results from the Baltimore Longitudinal Study of Aging. *Age and Ageing*, 46(3), 445–451.

[49] Vusirikala, A., Ben-Shlomo, Y., Kuh, D., Stafford, M., Cooper, R., & Morgan, G. S. (2019). Mid-Life Social Participation and Physical Performance at Age 60–64: Evidence from the 1946 British Birth Cohort Study. *European Journal of Public Health*, 29(5), 986–992.

[50] Zeng, Yi, Feng, Qiushi, Hesketh, Therese, Christensen, Kaare, & Vaupel, James W. (2017). Survival, Disabilities in Activities of Daily Living, and Physical and Cognitive Functioning Among the Oldest-Old in China: A Cohort Study. *The Lancet*, 389(10079), 1619–1629.

[51] Zeng, Yi, & Vaupel, James W. (2002). Functional Capacity and Self-Evaluation of Health and Life of Oldest Old in China. *Journal of Social Issues*, 58(4), 733–748.

[52] Zhu, Xinyi, Qiu, Chengxuan, Zeng, Yi, & Li, Juan. (2017). Leisure Activities, Education, and Cognitive Impairment in Chinese Older Adults: A Population-Based Longitudinal Study. *International Psychogeriatrics*, 29(5), 727–739.

附表 6-1　身体功能与认知功能的交叉滞后关系评估【剔除基线认知功能受损的个案】（n=3 973）

路径	系数		标准化系数	
	点估计	95%CI	点估计	95%CI
身体功能 $_{T-1}$ →认知功能 $_T$（$a_1=a_2$）	2.280	[1.437, 3.123]	0.089	[0.056, 0.122]
认知功能 $_{T-1}$ →身体功能 $_T$（$b_1=b_2$）	0.004	[0.002, 0.006]	0.045	[0.020, 0.070]

附表 6-2　身体功能与认知功能的交叉滞后关系评估【剔除基线身体功能最差的个案】（n=4 088）

路径	系数		标准化系数	
	点估计	95%CI	点估计	95%CI
身体功能 $_{T-1}$ →认知功能 $_T$（$a_1=a_2$）	2.489	[1.613, 3.365]	0.079	[0.051, 0.107]
认知功能 $_{T-1}$ →身体功能 $_T$（$b_1=b_2$）	0.004	[0.002, 0.006]	0.061	[0.033, 0.090]

附表 6-3　身体功能与认知功能的交叉滞后关系评估【多重填补法补充缺失值】（n=4 894）

路径	系数		标准化系数	
	点估计	95%CI	点估计	95%CI
身体功能 $_{T-1}$ →认知功能 $_T$（$a_1=a_2$）	2.702	[1.726, 3.677]	0.107	[0.072, 0.141]
认知功能 $_{T-1}$ →身体功能 $_T$（$b_1=b_2$）	0.005	[0.003, 0.007]	0.078	[0.047, 0.110]

附表 6-4 身体功能与认知功能的交叉滞后关系评估【替换身体功能指标】（n=4 215）

路径	系数		标准化系数	
	点估计	95%CI	点估计	95%CI
身体功能 $_{T-1}$ →认知功能 $_T$（$a_1=a_2$）	2.304	[1.457, 3.152]	0.104	[0.067, 0.141]
认知功能 $_{T-1}$ →身体功能 $_T$（$b_1=b_2$）	0.004	[0.002, 0.006]	0.054	[0.023, 0.084]

附表 6-5 身体功能变化与认知功能变化的交叉滞后关系评估【剔除基线认知功能受损的个案】（n=3 973）

路径	系数		标准化系数	
	点估计	95%CI	点估计	95%CI
身体功能 $_{T1}$ →早期 ΔCF（c）	1.327	[0.220, 2.435]	0.052	[0.009, 0.096]
身体功能 $_{T1}$ →晚期 ΔCF（d）	3.626	[1.939, 5.313]	0.125	[0.068, 0.183]
早期 ΔPF →晚期 ΔCF（e）	2.868	[1.702, 4.034]	0.125	[0.075, 0.175]
认知功能 $_{T1}$ →早期 ΔPF（f）	0.002	[−0.001, 0.006]	0.027	[−0.015, 0.068]
认知功能 $_{T1}$ →晚期 ΔPF（g）	0.003	[−0.001, 0.007]	0.031	[−0.013, 0.075]
早期 ΔCF →晚期 ΔPF（h）	0.003	[0.001, 0.006]	0.060	[0.019, 0.101]

附表 6-6　身体功能变化与认知功能变化的交叉滞后关系评估【剔除基线身体功能最差的个案】（n=4 088）

路径	系数		标准化系数	
	点估计	95%CI	点估计	95%CI
身体功能 $_{T1}$ →早期 ΔCF（c）	1.313	[0.043, 2.583]	0.041	[0.001, 0.080]
身体功能 $_{T1}$ →晚期 ΔCF（d）	4.095	[2.251, 5.940]	0.117	[0.065, 0.170]
早期 ΔPF →晚期 ΔCF（e）	2.978	[1.831, 4.126]	0.125	[0.078, 0.172]
认知功能 $_{T1}$ →早期 ΔPF（f）	0.002	[−0.000, 0.005]	0.035	[−0.005, 0.075]
认知功能 $_{T1}$ →晚期 ΔPF（g）	0.005	[0.001,0.009]	0.066	[0.016, 0.116]
早期 ΔCF →晚期 ΔPF（h）	0.004	[0.002, 0.006]	0.073	[0.029, 0.118]

附表 6-7　身体功能变化与认知功能变化的交叉滞后关系评估【多重填补法补充缺失值】（n=4 894）

路径	系数		标准化系数	
	点估计	95%CI	点估计	95%CI
身体功能 $_{T1}$ →早期 ΔCF（c）	1.593	[0.368, 2.819]	0.058	[0.011, 0.104]
身体功能 $_{T1}$ →晚期 ΔCF（d）	4.621	[2.796, 6.446]	0.178	[0.118, 0.237]
早期 ΔPF →晚期 ΔCF（e）	3.228	[1.951, 4.505]	0.151	[0.103, 0.198]
认知功能 $_{T1}$ →早期 ΔPF（f）	0.005	[0.001, 0.008]	0.070	[0.020, 0.120]
认知功能 $_{T1}$ →晚期 ΔPF（g）	0.005	[0.001, 0.008]	0.060	[0.012, 0.108]
早期 ΔCF →晚期 ΔPF（h）	0.005	[0.002, 0.007]	0.083	[0.041, 0.125]

附表 6-8　身体功能变化与认知功能变化的交叉滞后关系评估【替换身体功能指标】（n=4 215）

路径	系数		标准化系数	
	点估计	95%CI	点估计	95%CI
身体功能 $_{T1}$ →早期 ΔCF（c）	1.538	[0.464, 2.607]	0.070	[0.021, 0.119]
身体功能 $_{T1}$ →晚期 ΔCF（d）	3.845	[2.389, 5.300]	0.160	[0.101, 0.220]
早期 ΔPF →晚期 ΔCF（e）	2.627	[1.597, 3.657]	0.124	[0.076, 0.171]
认知功能 $_{T1}$ →早期 ΔPF（f）	0.002	[−0.002, 0.006]	0.034	[−0.021, 0.089]
认知功能 $_{T1}$ →晚期 ΔPF（g）	0.005	[0.002, 0.008]	0.064	[0.022, 0.105]
早期 ΔCF →晚期 ΔPF（h）	0.0040	[0.002, 0.006]	0.074	[0.037, 0.111]

附表 6-9　中介效应分析结果【剔除基线认知功能受损的个案】(n=3 973)

路径 / 分解效应	(1)	(2)
因变量	认知功能 $_{T3}$	身体功能 $_{T3}$
自变量	身体功能 $_{T1}$	认知功能 $_{T1}$
自变量→体育活动 $_{T2}$（i_1 或 l_1）	0.946 [0.464, 1.429]	0.040 [0.011, 0.068]
体育活动 $_{T2}$→因变量（j_1 或 m_1）	0.166** [0.063, 0.268]	0.013 [0.008, 0.018]
自变量→社会参与 $_{T2}$（i_2 或 l_2）	−0.021 [−0.116, 0.073]	0.007 [−0.000, 0.013]
社会参与 $_{T2}$→因变量（j_2 或 m_2）	0.453 [0.112, 0.794]	0.010 [−0.008, 0.027]
通过体育活动的间接效应（$i_1 \times j_1$ 或 $l_1 \times m_1$）	0.157 [0.030, 0.283]	0.001 [0.000, 0.001]
通过社会参与的间接效应（$i_2 \times j_2$ 或 $l_2 \times m_2$）	−0.010 [−0.054, 0.034]	0.000 [−0.000, 0.000]

附表 6-10　中介效应分析结果【剔除基线身体功能最差的个案】(n=4 088)

路径 / 分解效应	(1)	(2)
因变量	认知功能 $_{T3}$	身体功能 $_{T3}$
自变量	身体功能 $_{T1}$	认知功能 $_{T1}$
自变量→体育活动 $_{T2}$（i_1 或 l_1）	0.856 [0.315, 1.397]	0.040 [0.017, 0.063]
体育活动 $_{T2}$→因变量（j_1 或 m_1）	0.175 [0.074, 0.276]	0.012 [0.007, 0.018]
自变量→社会参与 $_{T2}$（i_2 或 l_2）	−0.057 [−0.172, 0.058]	0.006 [0.001, 0.011]
社会参与 $_{T2}$→因变量（j_2 或 m_2）	0.444 [0.107, 0.782]	0.010 [−0.007, 0.027]
通过体育活动的间接效应（$i_1 \times j_1$ 或 $l_1 \times m_1$）	0.149 [0.018, 0.280]	0.000 [0.000, 0.001]
通过社会参与的间接效应（$i_2 \times j_2$ 或 $l_2 \times m_2$）	−0.025 [−0.081, 0.030]	0.000 [−0.000, 0.000]

附表 6-11　中介效应分析结果【多重填补法补充缺失值】（n=4 894）

路径 / 分解效应	（1）	（2）
因变量	认知功能 $_{T3}$	身体功能 $_{T3}$
自变量	身体功能 $_{T1}$	认知功能 $_{T1}$
自变量→体育活动 $_{T2}$（i_1 或 l_1）	1.102 [0.679, 1.525]	0.044 [0.024, 0.064]
体育活动 $_{T2}$→因变量（j_1 或 m_1）	0.168 [0.063, 0.273]	0.012 [0.007, 0.018]
自变量→社会参与 $_{T2}$（i_2 或 l_2）	0.026 [−0.051, 0.103]	0.005 [0.001, 0.009]
社会参与 $_{T2}$→因变量（j_2 或 m_2）	0.528 [0.188, 0.868]	0.013 [−0.005, 0.030]
通过体育活动的间接效应（$i_1 \times j_1$ 或 $l_1 \times m_1$）	0.185 [0.049, 0.321]	0.001 [0.000, 0.001]
通过社会参与的间接效应（$i_2 \times j_2$ 或 $l_2 \times m_2$）	0.014 [−0.273, 0.055]	0.000 [−0.000, 0.000]

附表 6-12　中介效应分析结果【替换身体功能指标】（n=4 215）

路径 / 分解效应	（1）	（2）
因变量	认知功能 $_{T3}$	身体功能 $_{T3}$
自变量	身体功能 $_{T1}$	认知功能 $_{T1}$
自变量→体育活动 $_{T2}$（i_1 或 l_1）	0.841 [0.426, 1.256]	0.036 [0.013, 0.059]
体育活动 $_{T2}$→因变量（j_1 或 m_1）	0.174 [0.070, 0.277]	0.010 [0.005, 0.015]
自变量→社会参与 $_{T2}$（i_2 或 l_2）	0.042 [−0.038, 0.122]	0.0052 [0.000, 0.100]
社会参与 $_{T2}$→因变量（j_2 或 m_2）	0.454 [0.114, 0.795]	0.025 [0.006, 0.043]
通过体育活动的间接效应（$i_1 \times j_1$ 或 $l_1 \times m_1$）	0.146 [0.033, 0.259]	0.000 [0.000, 0.007]
通过社会参与的间接效应（$i_2 \times j_2$ 或 $l_2 \times m_2$）	0.019 [−0.019, 0.057]	0.000 [−0.000, 0.000]

第七章 丧偶对晚年心理健康和认知功能的影响

一、引言

丧偶被认为是最令人痛苦的生命事件之一，它常常伴随着丧偶者在经济资源、社会资本和身心健康等诸多方面的损失（Holmes & Rahe, 1967）。丧偶老年人是丧偶者的构成主体，在全球人口老龄化不断加剧的背景下，如何保障丧偶老年人的生活质量和身心健康已引起学者和政策制定者的广泛关注。作为世界上拥有最多老龄人口的国家，中国正面临着和丧偶老年人有关的各种社会问题。有学者基于2010年全国人口普查数据计算得出，中国人的婚姻大约持续47年，当配偶去世以后，老年男性的平均存活期大约为11年，女性约为15年；当一位男性60岁时，他的丧偶概率接近5%，即在他60岁前，其配偶去世的概率约为5%，这一概率在女性中为15%；男性的最终丧偶概率为33%，而女性为67%（Jiang, Li, & Sánchez-Barricarte, 2015）。预计到2050年时，我国60岁及以上的丧偶人口规模将达到1.18亿左右，包括约2391万男性和9449万女性（王广州、戈艳霞，2013）。

日益增长的丧偶老年人规模将大幅增加我国的家庭赡养负担和社会保障负担。

以往多数研究指出，丧偶与老年人的健康水平呈负相关关系。具体而言，丧偶增加了老年人陷入抑郁（Guo, Chi, & Silverstein, 2017; Li, Liang, Toler, & Gu, 2005; Tiedt, Saito, & Crimmins, 2016）、身体残疾（Van Den Brink et al., 2004）、认知功能受损（Zhang, Li, Xu, & Liu, 2019）和心血管疾病（Buckley, McKinley, Tofler, & Bartrop, 2010）的概率，甚至提高了死亡风险（Shor et al., 2012）。这种在经历丧偶以后存活一方的健康风险和死亡风险升高的现象被学者们称为“丧偶效应”（widowhood effect）。不过，目前很少有研究探讨在中国老年人中丧偶与健康衰退之间的因果关系以及可行的健康保护因素，尤其是极少关注丧偶对晚年认知功能的影响。为充实相关领域的研究，本章利用“中国老年人健康影响因素跟踪调查”多期追踪数据，分析丧偶对老年人心理健康和认知功能的影响，以及子女支持如何调节上述影响。

二、文献回顾

（一）丧偶的健康效应

学者们主要从婚姻资源和压力两个角度解释丧偶为何会损害健康（Zhang et al., 2019）。婚姻资源模型认为，人们可以直接从配偶身上获得有益于健康的社会、心理和经济资源，而丧偶减少了这些资源的提供，从而损害健康。例如，相较于有配偶的老年人，丧偶老年人对于卫生保健服务的使用效率更低（Jin & Chrisatakis, 2009）；更有可能因家庭收入降低而减少营养摄取（Heuberger &

Wong, 2014）；更少进行人际互动而限制了认知刺激，从而加速了认知功能退化（Zhang et al., 2019）。压力模型认为，丧偶者需要花费精力适应由丧偶引发的各类损失和原有生活状态的改变，因此丧偶是一种压力生命事件（stressful life event）（Holmes & Rahe, 1967）。由丧偶引起的压力会首先对心理健康构成威胁，继而损害其他健康，最终影响生存。同时，既出于排解丧偶压力的需要，也由于缺乏配偶的监督，丧偶者更可能实施健康风险行为，如吸烟、饮酒和滥用药物等，从而对健康产生负面影响（Zisook, Shuchter, & Mulvihill, 1990）。

不过，也有一些研究得出了截然相反的结论，指出丧偶对健康的影响并不总是负面的。由于人们在去世之前往往患病，因照料生病的配偶而产生的身心负担会损害照料者的健康（Pinquart & Sörensen, 2003）。而在丧偶以后，照料病患的重担不复存在，此时照料者的健康行为和丧偶前相比会有所改善（Pinquart & Sörensen, 2003）。在丧偶后的一定时期内，存活一方的身心健康甚至显著优于有配偶时的状态（Kung, 2020）。另外，由于在丧偶以后有了更多的闲暇时间，不少人会更加频繁地锻炼身体（Stahl & Schulz, 2014），从而有益于健康。

（二）子女支持对丧偶效应的调节作用

世界卫生组织将社会支持列为影响健康的重要因素，家人、朋友、社区其他成员等都是社会支持的提供者。在崇尚“家本位”主义的中国，老年人的心理健康主要受到来自配偶和成年子女等家庭成员支持的影响，而朋友支持的影响并不明显，同时老年人也较少受到来自邻居、政府和其他社会组织的支持（Y. Chen, Hicks, & While, 2014）。因此，本章将子女支持视为社会支持的重要维度，探索其是否能够调节丧偶经历与心理健康或认知功能之间的关系。

成年子女的支持可能有助于缓解丧偶对老年人健康的不利影响。有研究指出，对于生活在中国城市的老年人，拥有孝顺的子女能够减弱丧偶与自评健康之间的负向关系（Y. Li, Chi, Krochalk, & Xu, 2011）。一项针对江苏、河南、青海三省农村老年人的研究发现，子女的工具性支持和经济支持能够减弱丧偶与生活满意度之间的负向关系（Zhou & Hearst, 2016）。有针对武汉市民的研究指出，子女的情感支持、工具性支持和经济支持能够减弱丧偶与抑郁症状之间的正向关系（Li et al., 2005）。一项针对日本老年人的研究指出，与子女同住能够减弱丧偶与抑郁症状之间的正向关系（Tiedt et al., 2016）。

不过，也有研究否定了子女支持对丧偶影响的缓冲作用。一项针对中国巢湖农村老年人的研究发现，子女的经济支持和情感支持并没有缓解丧偶对于老年人抑郁症状的加剧作用，子女的经济支持反而加重了丧偶对于老年男性的不利影响（Guo et al., 2017）。还有针对澳大利亚老年人的研究指出，相较于拥有较少同住或近距离居住子女的男性，那些拥有更多同住或近距离居住子女的男性在丧偶以后的心理健康更差（Kung, 2020）。

三、研究设计

（一）数据

本章采用“中国老年人健康影响因素跟踪调查”2002

年、2005年、2008—2009年、2011—2012年、2014年和2017—2018年共六期数据。受访者为分布于中国22个省级行政单位的65岁及以上老年人。本文的分析对象为2002年参与调查并被持续追踪的老年人，2002年以后各期调查陆续加入的新样本不作为本研究的分析对象。同时，分析对象被限定为基线（2002年）调查时年龄在65岁至85岁之间、仅有过一次婚姻经历的老年人。为保证数据的全国代表性，笔者在数据分析过程中使用了2002年调查的抽样权重，从而使样本的性别、年龄和城乡分布符合2002年中国人口的真实情况。此外，由于无法得知基线调查时已经丧偶的受访者在丧偶之前的子女支持信息，笔者参考以往利用个体固定效应模型分析丧偶影响的研究（Schaan, 2013），仅保留基线调查时有配偶的样本作为分析对象。为最大化模型的统计功效（statistical power），笔者依据不同的因变量保留了尽可能多的样本。其中，男性受访者人数在1453至1499之间，人一年数在4803至5005之间；女性受访者人数在880至907之间，人一年数在2923至3061之间。

（二）变量测量

1. 因变量

因变量包括衡量心理健康的负面心理福祉（negative subjective well-being）和衡量综合认知功能的正态化MMSE（mini-mental state examination）得分。

由于CLHLS没有抑郁症状量表，因此笔者采用负面心理福祉，它在一定程度上反映了受访者的抑郁水平（Chen & Short, 2008）。测试题目包括：（1）是否经常感到害怕或担心；（2）是否经常感到孤独；（3）是否经常感到自己越老越没用。各题目的计分方式为：回答“从没有”为0分，“很少”为1分，“有时”为2分，“经常”为3分，“总是”为4分。各项的加总分数为负面心理福祉得分，范围为0到12分，分数越大表示负面心理福祉越严重。

MMSE的测试范围包括了定向力测试、列举食物、短时记忆、注意力与计算能力、延时记忆和语言能力，MMSE得分为0到30分。为了改善MMSE得分的偏态分布，笔者参考以往研究的方法（Philipps et al., 2014），将原始MMSE得分折算成区间为0到100分的正态化MMSE得分，分数越高表示综合认知功能越好。

2. 关键自变量

本研究的关键自变量是婚姻状态。首先，笔者将婚姻状态区分为两类，一类是有配偶状态，另一类是丧偶状态。然后，考虑到丧偶者既可能对丧偶生活逐渐适应，也可能由于丧偶压力的“磨损”（tear-and-wear）效应而使健康代价不断累积，笔者将丧偶状态按丧偶年限进行了划分。此时，婚姻状态被区分为四类，包括有配偶、丧偶0—2年、丧偶3—6年和丧偶7年或7年以上）。其中，丧偶0—2年对应在前一期数据中有配偶、本期数据中丧偶的样本；丧偶3—6年主要对应在数据中丧偶状态持续了两期的样本；丧偶7年或7年以上主要对应在数据中丧偶状态持续了三期或三期以上的样本，这些样本中87%的人一年观测的丧偶年限为7—10年，最长丧偶年限为15年。在分析过程中，本文会将二分类和四分类的婚姻状态分别作为关键自变量纳入回归模型。

3. 潜在中介变量

本章将两个衡量健康行为的指标——是否有规律地锻炼身体和是否吸烟视为可能影响心理健康和认知功能的渠道。

4. 调节变量

子女支持是本研究的调节变量。子女支持包括了受访者在丧偶前从子女处获得的三类支持。第一类是情感支持，即日常生活中是否最常与子女交谈（是 =1，否 =0），当有事情时是否最先告诉子女（是 =1，否 =0）；第二类是工具性支持，即生病时是否由子女照顾（是 =1，否 =0），当发生困难时是否最先向子女求助（是 =1，否 =0）；第三类是经济支持，当子女没有给父母钱或子女给父母的钱少于从父母处得到的钱时计 0 分，当子女给父母的钱多于父母给子女的钱时计 1 分，当父母的主要经济来源来自子女时计 2 分。各项目的加总值就是子女支持得分（Cronbach's alpha=0.81），范围从 0 分到 6 分，分数越高表示获得的子女支持程度越高。

5. 控制变量

控制变量包括年龄及年龄平方、自评家庭经济状况、健在子女数、城乡居住地、是否住养老院和年份固定效应。此外，由于样本损失可能影响分析结果，笔者将受访者是否在下一期死亡和是否在下一期失访作为控制变量纳入模型，以削弱死亡选择性和样本失访造成的样本流失偏差。表 7-1 展示了主要变量的描述性统计结果。

表 7-1　主要变量描述性统计

变量	个人末期数据（均值 / %）		多期合并数据（均值 / %）	
	男性	女性	男性	女性
因变量				
负面心理福祉（0—12）	3.41（2.32）	4.14（2.36）	3.02（2.20）	3.71（2.31）
认知功能（0—100）	74.93（22.82）	68.00（23.70）	79.81（19.78）	71.64（21.71）
自变量				
婚姻状态				
有配偶	81.47	56.92	92.32	79.95
丧偶 0—2 年	14.21	30.30	5.19	12.31
丧偶 3—6 年	1.52	5.21	1.17	3.59
丧偶 7 年或 7 年以上	2.80	7.57	1.33	4.15
潜在中介变量				
锻炼（0—1 变量）	42.81	35.14	45.62	34.48
吸烟（0—1 变量）	37.98	6.81	41.67	7.81
调节变量				
子女支持（0—6）	2.01（1.04）	2.40（1.28）	1.98（1.01）	2.40（1.24）
控制变量				
年龄（65—100）	78.40（5.22）	77.99（5.40）	74.77（5.57）	74.54（5.67）
居住于城市（0—1 变量）	49.04	47.57	41.48	38.57
自评经济地位（1—5）	3.05（0.70）	2.97（0.68）	3.03（0.67）	2.98（0.65）
健在子女个数（0—10）	3.82（1.62）	4.14（1.74）	3.92（1.63）	4.33（1.68）
住养老院（0—1 变量）	0.85	0.57	0.33	0.22
下一期死亡（0—1 变量）	40.30	30.61	11.28	8.74
下一期失访（0—1 变量）	48.17	50.34	13.48	14.38

注：括号内数字是标准差。

（三）实证方法

本章用于实证的回归模型为个体固定效应模型（individual fixed-effects model）。个体固定效应能够清除个人不随时间变化的混淆因素以削弱模型估计的遗漏变量偏误。例如，人格特质就是潜在的不随时间变化的混淆因素。因为人们往往更倾向于选择具有相似人格特质的人作为配偶，而消极人格特质（如容易悲观、焦虑）会增加健康负担，所以一个人的人格特质就可能和他/她是否丧偶以及他/她的健康状况同时相关。如果忽略了人格特质，模型的估计就可能存在遗漏变量偏误。使用固定效应模型的另一方面原因是 Hausman 检验结果表明本研究更适用于固定效应模型而非随机效应模型。

首先，将婚姻状态简单区分为有配偶和丧偶两类，以便估计丧偶的"平均效应"。模型公式如下：

$$y_{it}=\beta_0+\beta_1 widow_{it}+BZ_{it}+\eta_i+w_t+\varepsilon_{it} \qquad (7-1)$$

式中，y_{it} 表示个体 i 在第 t 期的健康结果或健康行为，β_0 表示常数项，$widow_{it}$ 表示丧偶（丧偶=1、有配偶=0），Z_{it} 表示随时间发生变化的控制变量的矩阵，β_1 和 B 分别表示丧偶的系数和时变控制变量的系数向量，η_i 表示不随时间变化的个体固定效应，w_t 表示年份固定效应，ε_{it} 表示误差项。

其次，将丧偶状态按照距离丧偶的年数加以区分，以便了解丧偶者在不同时点的适应情况。模型公式如下：

$$y_{it}=\beta_0+\sum_{j=1}^{3}\beta_j widow_{jit}+BZ_{it}+\eta_i+w_t+\varepsilon_{it} \qquad (7-2)$$

式中，$widow_{jit}$ 在 j=1，2，3 时分别表示丧偶 0-2 年、丧

偶 3—6 年和丧偶 7 年或 7 年以上，β_j 表示不同丧偶年限对应的系数。其他字母的含义与式（7-1）相同。

在式（7-1）的基础上，加入二分类婚姻状态（丧偶 =1、有配偶 =0）与丧偶前子女支持的交互项，以及婚姻状态与非时变控制变量的交互项：

$$y_{it} = \beta_0 + \beta_1 widow_{it} + \gamma_1 widow_{it} s_i + \Gamma widow_{it} X_i + BZ_{it} + \eta_i + w_t + \varepsilon_{it} \quad (7-3)$$

式中，s_i 表示丧偶前的子女支持情况（非时变变量），γ_1 表示二分类婚姻状态与子女支持的交互项系数，X_i 表示非时变控制变量矩阵，这些控制变量可能同时影响子女支持和健康结果，包括了受教育程度、60 岁之前的主要职业、基线居住地区和基线自评健康，Γ 表示是否丧偶与非时变控制变量交互项的系数向量。其他字母的含义与式（7-1）相同。

最后，将婚姻状态从二分类调整为四分类：

$$y_{it} = \beta_0 + \sum_{j=1}^{3} \beta_j widow_{jit} + \sum_{j=1}^{3} \gamma_j widow_{jit} s_i + \sum_{j=1}^{3} \Gamma_j widow_{jit} X_i + BZ_{it} + \eta_i + w_t + \varepsilon_{it} \quad (7-4)$$

式中，γ_j 表示四分类婚姻状态和子女支持的交互项系数，Γ_j 表示四分类婚姻状态与非时变控制变量交互项的系数向量。其他字母的含义与式（7-3）相同。

四、丧偶事件的心理与认知影响分析

（一）丧偶对健康结果和健康行为的影响

表 7-2 报告了估计丧偶对健康结果与健康行为影响的个体固定效应模型结果。当婚姻状态为二分变量（丧

偶 =1、有配偶 =0）时，可以得到丧偶的“平均效应”。从平均效应来看，丧偶显著提高了男性和女性的负面心理福祉，即损害了他们的心理健康，同时显著提高了女性参加锻炼的概率，而对认知功能和吸烟没有显著影响。当使用四分类婚姻状态（即考虑丧偶年限）时，对男性而言，相较于有配偶时，丧偶 2—6 年和 7 年或 7 年以上认知功能显著降低；丧偶 0—2 年负面心理福祉显著提高；丧偶 3—6 年吸烟的概率显著提高。对女性而言，相较于有配偶时，丧偶 3—6 年时认知功能显著提高；丧偶 0—2 年负面心理福祉显著提高；丧偶 3—6 年有规律地锻炼的概率显著提高。

丧偶对心理健康、认知功能和健康行为的影响存在两点明显的性别差异。一方面，经历时间较久的丧偶会显著降低男性的综合认知功能；但女性的综合认知功能并没有在丧偶后显著下降，甚至在丧偶后的一定时期内升高，这可能与女性丧偶后锻炼身体的概率上升有一定关系。从回归系数的性别差异来看，丧偶 3—6 年和丧偶 7 年或 7 年以上对男性认知功能的降低作用都显著高于对女性的作用。这可能是由于妻子是老年男性较单一的互动对象，因此老年男性在失去妻子以后缺乏人际互动，从而不利于其认知功能。另一方面，丧偶显著提高了女性参与锻炼的概率，但未对男性的锻炼概率产生显著影响，男性甚至会在丧偶后的一段时间内增加吸烟的概率。这可能是因为女性在丧偶后可以投入更少的时间从事家务劳动，从而有了更多的闲暇时间，所以更可能有规律地锻炼；而男性出于排解丧偶后郁闷的目的，也由于缺少了妻子的监督，因此更有可能吸烟，这可能是造成丧偶男性认知功能下降的途径之一。

表 7–2 估计丧偶对健康结果和健康行为影响的固定效应模型

因变量	平均效应	丧偶年限（参照组：有配偶）			N_i（N_{it}）	调整 R^2
		0—2 年	3—6 年	7 年或 7 年以上		
男性						
负面心理福祉	0.563**（0.183）	0.594**（0.190）	0.199（0.422）	0.637（0.466）	1453（4803）	0.202
认知功能	−1.534（1.615）	−0.472（1.663）	−7.508*（3.646）	−9.257*（3.725）	1477（4927）	0.237
锻炼	0.024（0.038）	0.027（0.039）	0.024（0.082）	−0.030（0.087）	1499（4999）	0.251
吸烟	0.040（0.028）	0.025（0.028）	0.179**（0.062）	0.061（0.071）	1499（5005）	0.569
女性						
负面心理福祉	0.729***（0.174）	0.753***（0.177）	0.551（0.300）	0.661（0.345）	880（2923）	0.173
认知功能	−0.193（1.489）	−1.168（1.515）	6.809*（2.639）	4.614（3.651）	896（3027）	0.310
锻炼	0.064*（0.031）	0.054（0.032）	0.144*（0.058）	0.102（0.072）	907（3055）	0.235
吸烟	0.005（0.010）	0.003（0.010）	0.027（0.016）	−0.005（0.024）	906（3061）	0.660

注：（1）“平均效应”是指在不区分丧偶年限时丧偶状态的效应；（2）N_i 表示未加权的个体数，N_{it} 表示未加权的人—年数；（3）“调整 R^2”是以四分类婚姻状态为关键自变量时回归模型的调整决定系数；（4）控制变量包括年龄和年龄平方、居住于城市 / 农村、健在子女数、自评经济地位、是否居住在养老院、下一期是否死亡、下一期是否失访和调查年份虚拟变量；（5）前四列数字是回归系数和稳健标准误，括号内是稳健标准误；（6）$^*p < 0.05$，$^{**}p < 0.01$，$^{***}p < 0.001$（双侧检验）。下同。

（二）子女支持对丧偶影响的调节作用

子女支持会存在一定的选择性。例如，社会经济地位高、整体健康状况好的人可能获得更良好的子女支持。同时，由于社会经济地位和整体健康状况与心理健康、认知功能等因变量密切相关，如果忽略了这些因素，就可能使模型估计出现自选择偏误。为了尽可能降低模型估计的自选择偏误，笔者将婚姻状态与受教育程度（0年/1—6年/7年或7年以上）、与60岁之前主要职业（农民/管理或技术人员/其他）、与基线居住地区（东部/中部/西部）、与基线自评健康（很差/差/一般/好/很好/不清楚）的交互项纳入固定效应模型。这些交互项能在一定程度上控制住基线社会经济地位和整体健康状况对丧偶影响的调节作用，从而估计出本研究真正关心的子女支持对丧偶影响的调节作用。

表7-3展示了子女支持对丧偶与负面心理福祉之间关系的调节作用。由丧偶7年或7年以上与子女支持的交互效应可知，丧偶前子女支持越高的人在丧偶以后的负面心理福祉越低。这说明子女支持有助于疏解丧偶对老年男性心理健康的不良影响，与“平均效应”下揭示的结论一致。不过，子女支持并没能有效抑制丧偶对老年女性心理健康的不良影响。图7-1展示了将模型中纳入区分丧偶年限的丧偶状态与子女支持定类变量的交互项以后，不同子女支持下丧偶7年或7年以上对男性负面心理福祉的效应。需要注意的是，这里将表7-3模型中的子女支持由定距变量替换为定类变量。从图7-1可以看出，当子女支持水平为0时，丧偶7年或7年以上对男性的负面心理福祉有显著的提升作用，而随着子女支持水平的提高，丧偶7年或7年以上对男性的负面心理福祉没有显著的提升作用。

表7-4展示了子女支持对丧偶与认知功能之间关系

的调节作用。结果显示，子女支持并没有显著调节丧偶与认知功能之间的关系。

表 7-3 子女支持的调节作用下丧偶对负面心理福祉的影响

变量	平均效应	丧偶年限（参照组：有配偶）		
		0—2 年	3—6 年	7 年或 7 年以上
男性（N_i=1 453，N_{it}=4 803）				
丧偶的简单效应	1.349*** （0.381）	1.186** （0.407）	0.754 （0.830）	2.125** （0.680）
丧偶与子女支持的交互效应	−0.336* （0.149）	−0.262 （0.165）	−0.279 （0.317）	−0.812** （0.264）
女性（N_i=880，N_{it}=2 923）				
丧偶的简单效应	0.649* （0.313）	0.799* （0.335）	0.345 （0.527）	0.011 （0.633）
丧偶与子女支持的交互效应	0.036 （0.101）	−0.010 （0.109）	0.042 （0.150）	0.248 （0.180）

表 7-4 子女支持的调节作用下丧偶对认知功能的影响

变量	平均效应	丧偶年限（参照组：有配偶）		
		0—2 年	3—6 年	7 年或 7 年以上
男性（N_i=1 477，N_{it}=4 927）				
丧偶的简单效应	−4.201 （3.774）	−4.835 （3.985）	6.053 （7.797）	−4.783 （6.746）
丧偶与子女支持的交互效应	1.307 （1.403）	2.050 （1.503）	−4.622 （2.667）	1.143 （2.526）
女性（N_i=896，N_{it}=3 027）				
丧偶的简单效应	0.098 （−0.069）	−1.843 （2.820）	4.445 （4.988）	12.712* （6.680）
丧偶与子女支持的交互效应	−0.069 （−1.877）	0.293 （0.940）	0.486 （1.411）	−2.958 （1.716）

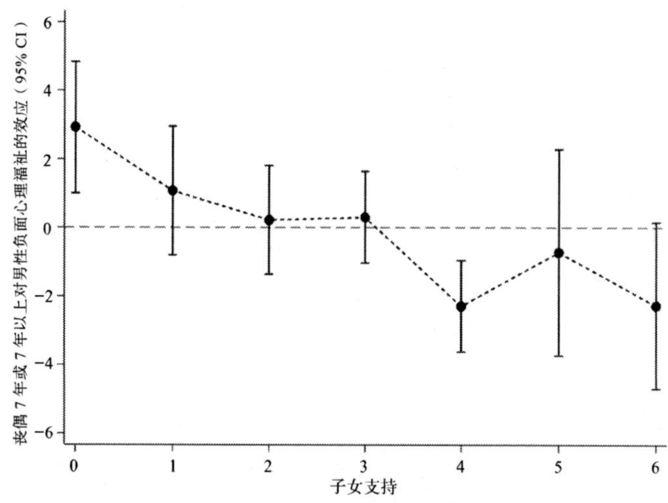

图 7-1　不同子女支持下丧偶 7 年或 7 年以上对男性负面心理福祉的效应

五、本章小结

本章发现，丧偶对中国老年人的健康产生了不利影响。在男性中，丧偶加剧了其负面心理福祉，降低了其综合认知功能，并增加了其吸烟的概率。在女性中，丧偶在一定阶段提高了其认知功能，提高了其有规律地锻炼的概率，并增加了其负面心理福祉。另外，子女支持有助于降低丧偶对男性负面心理福祉的加剧作用。

上述结论对于保护丧偶者晚年健康具有一定实践启示。第一，整体看来，提高老年人的子女支持水平有助于削弱丧偶对男性心理健康的损害。第二，需要更加注意保护丧偶男性的认知功能健康。第三，需要对丧偶男性的健康风险行为进行一定的干预，即适当限制他们的吸烟行为。

本章在研究方法上具有以下优点。首先，本研究利用个体固定效应模型探究了丧偶在不同时点对于中国老年人健康的因果效应。同时，本章采用的子女支持变量都发生在丧偶之前，因此避免了子女支持和健康之间的双向影响。其次，本章利用的是全国代表性数据，弥补了以往研究丧偶和健康之间关系的中国研究主要采用地区数据的缺陷。最后，本章采用了多种健康指标作为因变量，有助于拓展我们对丧偶老年人健康水平的理解。

囿于数据，本研究也存在一些不足。一方面，CLHLS数据以年为单位记录丧偶时点，不够精确。另一方面，CLHLS调查每三年左右开展一次，因此无法分析丧偶后在较短时间内去世的样本。

参考文献

[1] 王广州，戈艳霞．2013，《中国老年人口丧偶状况及未来发展趋势研究》，《老龄科学研究》第 1 期，44-55.

[2] Buckley, Thomas, McKinley, Sharon, Tofler, Geoffrey, & Bartrop, Roger. (2010). Cardiovascular Risk in Early Bereavement: A Literature Review and Proposed Mechanisms. *International Journal of Nursing Studies*, 47(2), 229–238.

[3] Chen, Feinian, & Short, Susan E. (2008). Household Context and Subjective Well-Being Among the Oldest Old in China. *Journal of Family Issues*, 29(10), 1379–1403.

[4] Chen, Yu, Hicks, Allan, & While, Alison E. (2014). Loneliness and Social Support of Older People in China: A Systematic Literature Review. *Health & Social Care in the Community*, 22(2), 113–123.

[5] Guo, M., Chi, I., & Silverstein, M. (2017). Intergenerational Support and Depression Among Chinese Older Adults: Do Gender and Widowhood Make a Difference? *Ageing & Society*, 37(4), 695–724.

[6] Heuberger, Roschelle, & Wong, Helen. (2014). The Association Between Depression and Widowhood and Nutritional Status in Older Adults. *Geriatric Nursing*,

35(6), 428−433.

[7] Holmes, Thomas H., & Rahe, Richard H. (1967). The Social Readjustment Rating Scale. *Journal of Psychosomatic Research*, 11(2), 213−218.

[8] Jiang, Quanbao, Li, Xiaomin, & Sánchez-Barricarte, Jesús J. (2015). Elderly Widowhood in China. *Asian Population Studies*, 11(1), 7−16.

[9] Jin, Lei, & Chrisatakis, Nicholas A. (2009). Investigating the Mechanism of Marital Mortality Reduction: The Transition to Widowhood and Quality of Health Care. *Demography*, 46(3), 605−625.

[10] Kung, Claryn S. J. (2020). Health in Widowhood: The Roles of Social Capital and Economic Resources. *Social Science & Medicine*, 112965.

[11] Li, Lydia, Liang, Jersey, Toler, Amanda, & Gu, Shengzu. (2005). Widowhood and Depressive Symptoms Among Older Chinese: Do Gender and Source of Support Make A Difference? *Social Science & Medicine*, 60(3), 637−647.

[12] Li, Yawen, Chi, Iris, Krochalk, Pamela C., & Xu, Ling. (2011). Widowhood, Family Support, and Self-Rated Health Among Older Adults in China. *International Journal of Social Welfare*, 20(s1), S72−S85.

[13] Philipps, V., Amieva, H., Andrieu, S., Dufouil, C., Berr, C., Dartigues, J. F.,...Proust-Lima, C. (2014). Normalized Mini-Mental State Examination for Assessing Cognitive Change in Population-Based Brain Aging Studies.

Neuroepidemiology, 43(1), 15–25.

[14] Pinquart, Martin, & Sörensen, Silvia. (2003). Differences Between Caregivers and Noncaregivers in Psychological Health and Physical Health: A Meta-Analysis. *Psychology and Aging*, 18(2), 250–267.

[15] Schaan, Barbara. (2013). Widowhood and Depression Among Older Europeans-The Role of Gender, Caregiving, Marital Quality, and Regional Context. *The Journals of Gerontology: Series B*, 68(3), 431–442.

[16] Shor, Eran, Roelfs, David J., Curreli, Misty, Clemow, Lynn, Burg, Matthew M., & Schwartz, Joseph E. (2012). Widowhood and Mortality: A Meta-Analysis and Meta-Regression. *Demography*, 49(2), 575–606.

[17] Stahl, Sarah T., & Schulz, Richard. (2014). The Effect of Widowhood on Husbands' and Wives' Physical Activity: The Cardiovascular Health Study. *Journal of Behavioral Medicine*, 37(4), 806–817.

[18] Tiedt, Andrew D., Saito, Yasuhiko, & Crimmins, Eileen M. (2016). Depressive Symptoms, Transitions to Widowhood, and Informal Support from Adult Children Among Older Women and Men in Japan. *Research on Aging*, 38(6), 619–642.

[19] Van Den Brink, Carolien L., Tijhuis, Marja, Van Den Bos, Geertrudis A.M., Giampaoli, Simona, Kivinen, Paula, Nissinen, Aulikki, & Kromhout, Daan. (2004). Effect of Widowhood on Disability Onset in Elderly Men from Three European Countries. *Journal of the American*

Geriatrics Society, 52(3), 353−358.

[20] Zhang, Zhenmei, Li, Lydia W., Xu, Hongwei, & Liu, Jinyu. (2019). Does Widowhood Affect Cognitive Function Among Chinese Older Adults? *SSM-Population Health*, 7, 100329.

[21] Zhou, Jianfang, & Hearst, Norman. (2016). Health-Related Quality of Life Among Elders in Rural China: The Effect of Widowhood. *Quality of Life Research*, 25(12), 3087−3095.

[22] Zisook, Sidney M. D., Shuchter, Stephen R. M. D., & Mulvihill, Mary M. A. (1990). Alcohol, Cigarette, and Medication Use During the First Year of Widowhood. *Psychiatric Annals*, 20(6), 318−320,322−326.

第八章　结论与展望

一、主要发现

当前，中国的总和生育率持续偏低、出生预期寿命不断延长。因此，中国的人口年龄结构将发生剧烈而深刻的变化已是一个不争的事实。世界卫生组织将 65 岁及以上人口占总人口的比重作为界定一个社会所处人口老龄化阶段的参照标准：65 岁及以上人口比例在 7% 至 14% 之间属于“老龄化社会”（aging society），在 14% 以上至 21% 以下属于“老龄社会”（aged society），在 21% 及以上属于“超老龄社会”（super-aged society）（OECD & WHO, 2020）。根据联合国（United Nations, 2024）的最新预测，中国 65 岁及以上老年人口占总人口的比重将在 2034 年突破 21%，从而正式步入超老龄社会行列。如今，积极应对人口老龄化比以往任何时候都更加迫切，唯其如此，才能最大限度地减轻未来高占比的老年人口给家庭和社会带来的养老负担。

实现健康老龄化是积极应对人口老龄化的重要方面。老年群体的认知和心理健康既关乎个人生活质量，又深刻影响着代际关系和家庭经济状况。认知功能受损和心理健康障碍是老年群体中较普遍存在且相互关联的两类健康问题，深入探讨其演变规律及影响因素有助于强化对晚年认知和心理健康风险因素的预警和干预，有助于为完善老年人健康服务和保障体系提供科学依据，从而起到优化公共政策、提升服务效率、促进社会公平的作用。本书立足于生命历程视角，利用“中国健康与养老追踪调查”（CHARLS）和“中国老年健康影响因素跟踪调查”（CLHLS）两项全国代表性追踪调查数据，分析中国老年人认知功能和心理健康的双向关系、发展趋势和影响因素。基于定量研究，本书的主体章节得出如下结论。

第二章“中老年人认知功能和心理健康的变化趋势与双向关系”发现：（1）我国中老年人的情景记忆能力呈现显著的年龄和出生队列差异。从 45 岁起，情景记忆能力开始显著下降，且下降速度逐渐加快。出生于 20 世纪 30 至 50 年代的人记忆能力总体呈下降趋势，而出生于 60 至 70 年代的人记忆能力有所上升。（2）中老年人的抑郁症状存在显著的年龄差异。从 45 岁起，抑郁水平逐渐上升，直到 75 岁后才有所下降。（3）中老年人的抑郁症状和情景记忆能力之间可能存在双向因果关系。抑郁症状会加剧记忆能力的下降，记忆能力下降也会加重抑郁症状，其中抑郁症状对记忆能力的影响更强。

第三章“童年和成年社会经济地位与晚年认知功能轨迹”发现：（1）对于童年经历过饥饿的老年女性而言，其认知功能从正常到受损的变化速率较童年未挨饿的女性更慢。这可能是因为大量童年经常挨饿的女性在进入老年阶段之前已经死亡，而仍然存活的人可能在基因或其他健康决定因素方面具有极大的优势，这些优势在抑制晚年认知衰退方面发挥了关键作用。（2）对于受过7年或7年以上教育的老年女性而言，其认知功能由正常转为受损的变化速率较未受教育的女性更慢。教育对认知功能的保护作用可能源于教育延迟了大脑病变，或是教育提高了认知储备。（3）老年男性的童年和成年时期社会经济地位与其认知功能变化速率之间没有显著关联。

第四章“童年时父母关系质量如何影响晚年心理健康”发现：（1）对于童年时父母关系不睦的人而言，其晚年抑郁症状显著更严重、抑郁症状的恶化速率也更快。（2）童年时遭受来自父母的身体虐待在童年时父母关系不睦和晚年抑郁症状之间起到一定中介作用。具体而言，父母关系不睦会增加儿童遭受身体虐待的风险，而童年受到更多身体虐待的子女在晚年更容易出现较严重的抑郁症状。（3）成年时与配偶、子女的关系质量在童年时父母关系不睦和晚年抑郁症状之间也起到一定中介作用。具体而言，父母关系不睦可能导致子女成年后与其配偶、子女的关系不和谐，进而加重其晚年的抑郁症状。

第五章“‘数字鸿沟’与认知功能老化：晚年互联网使用与认知功能之间的双向关系研究”发现：（1）互联网使用对延缓老年人认知功能衰退具有积极作用，而保持良好的认知功能是使用互联网的基础。因此，老年人不使用互联网与认知障碍之间可能存在相互强化的恶性循环；相反，互联网使用与认知功能之间则可能形成相互促进效应。（2）社会参与（如与朋友联系和参与群体活动）和抑郁症状在互联网使用与认知功能之间的双向关系中起到了部分中介作用。由于社会参与和抑郁症状是互联网使用与后续认知功能之间的中介因素，这在一定意义上说明，互联网的社交和娱乐功能有利于维持老年人的认知健康。

第六章“晚年身体功能和认知功能的双向关系研究”发现：（1）老年人的身体功能与认知功能之间存在双向关系，且两者的衰退也相互促进。这说明一种功能的下降可能预示着另一种功能的衰退。（2）体育活动在身体功能与认知功能之间的双向关系中具有中介效应。因此，增加体育活动可以在一定程度上打破身体功能衰退与认知功能衰退相互促进的恶性循环。（3）尽管社会参与和认知功能之间存在双向关系，但未发现社会参与在身体功能与认知功能双向关系中发挥了中介作用。

第七章“丧偶对晚年心理健康和认知功能的影响”发现：（1）在男性中，丧偶加剧了其负面心理福祉，降低了其综合认知功能，并增加了其吸烟的概率。（2）在女性中，丧偶在一定阶段提高了其认知功能，提高了其有规律地锻炼的概率，并增加了其负面心理福祉。（3）子女支持有助于降低丧偶对男性负面心理福祉的加剧作用。

二、学术贡献

本书通过严谨的定量分析，揭示了多种个体和家庭因素如何交织影响老年人的认知功能和心理健康。本书的学术贡献主要体现在以下四个方面。

第一，本书在老年人认知功能和心理健康的研究中引入了生命历程视角，强调了童年和成年时期的社会经济地位、家庭关系、生活方式等因素对晚年认知功能和心理健康的长期影响。这种视角深化了对老年人健康问题的理解，也为未来研究提供了实用的分析框架。同时，

为了更好地契合生命历程视角，本书所涵盖的研究都采用了追踪数据和纵贯研究方法，在很大程度上克服了反向因果问题，提升了研究结论的可靠性。

第二，本书对根本原因理论（fundamental cause theory）（Link & Phelan, 1995）和社会资本理论（social capital theory）（Kawachi & Berkman, 2014）进行了拓展。本书的研究结果表明，社会经济地位作为健康结果的根本原因，其影响力贯穿生命全程；而社会资本，主要体现为亲友间的情感性和工具性连结，在各因素对老年人认知功能和心理健康的影响中发挥了中介作用或缓冲作用。

第三，本书在多个章节中系统地进行了中介效应和调节效应分析，深入探讨了各因素对老年人认知功能和心理健康影响的机制和异质性。这些分析为理解老年人健康问题的复杂性提供了科学依据，也为实施有效的健康干预策略提供了重要参考。

第四，本书的研究结果对政策制定者和公共卫生从业者具有重要启示。通过识别和干预晚年认知和心理健康的风险因素，相关政策可以更有针对性地设计健康促进项目和社会支持机制，旨在提高老年人生活质量，减轻家庭负担，促进代际和谐，最终实现健康老龄化目标。值得注意的是，本书的研究结果表明，儿童期、成年早期和中年期的一系列因素会对晚年认知功能和心理健康产生长期影响。因此，有必要将预防老年人认知受损和心理障碍的“关口”前移。

三、对策建议

根据本书的研究发现，笔者提出以下有益于老年人认知功能和心理健康的对策建议。

（一）推广面向中老年人的认知功能训练、评估与干预

本书发现，中老年人情景记忆能力随年龄增长显著下降的趋势，建议推广认知训练与干预措施，如记忆游戏、益智活动和认知行为疗法等。这些措施可以帮助延缓认知功能的衰退，特别是对认知受损高风险老年人开展常规性的认知能力评估，以便早期识别和干预认知功能下降。由于本书研究表明，老年人的情景记忆能力和抑郁症状互相影响，因此应减轻老年人的抑郁症状以改善其认知功能。

（二）加强对中老年人抑郁症的预防和干预

从中年向老年过渡阶段的抑郁症状会有所增强，应针对中老年人加强抑郁症的预防和干预。社区医疗服务机构应提供定期的心理健康筛查和心理咨询服务，特别是对抑郁症状较严重的老年人，进行个体化的心理干预和治疗，以减缓抑郁症对生活质量的负面影响。由于老年人的情景记忆能力和抑郁症状互相影响，因此应将延缓老年人认知衰退作为减轻其抑郁症状的手段之一。

（三）促进老年教育与终身学习

本书的研究结果显示，受教育程度更高的老年人认知功能水平更高，且在老年女性中，受教育程度更高则其认知功能下降更慢。因此，应鼓励和支持老年人参与终身学习。学习作为一种高效的认知刺激活动，能够提高老年人的认知储备，甚至推迟其脑部病变的发生，从

而有助于延缓认知衰退。社区应提供适合老年人的教育课程和学习资源，尤其是针对学历层次较低的老年群体，应增加其获得相关教育的机会。

（四）推动老年人数字化参与

鉴于本书发现，互联网使用具有延缓晚年认知衰退的功效，建议通过公共教育和社区项目，提升老年人对数字技术的使用能力和兴趣，打破“银发数字鸿沟”。提供公益性数字技能培训，帮助老年人掌握基本的互联网操作，鼓励他们通过互联网进行社交、学习、娱乐和购物，以增强其认知功能并提升心理健康。

（五）激发老年人参与体育活动的积极性

本书发现，身体功能与认知功能之间存在双向关系，并且体育活动在两者之间发挥了中介作用。因此，应大力推广适合老年人的体育活动。社区应设立适合老年人参与的运动设施并开展有关活动，推广太极拳、健步走、广场舞、毽球等适合老年人参加的体育活动，鼓励老年人通过定期锻炼保持健康。

（六）优化老年人的社会支持网络

本书研究表明，童年家庭关系和成年期家庭关系都对晚年抑郁症状具有显著影响；子女支持有助于弱化丧偶对老年人心理健康的冲击；社会参与有助于老年人保持相对正常的认知功能。建议促进家庭和谐，优化老年人的社会支持网络，如通过家庭辅导、社区活动、志愿服务等提升老年人与家庭成员及社区成员的关系质量，减少社会区隔，从而有益于老年人的认知功能和心理健康。

（七）为老年丧偶群体提供针对性支持服务

在中国即将步入超老龄社会的背景下，未来中国的丧偶老年人规模也将与日俱增。结合本书研究结果，考虑到丧偶对老年人健康行为、心理健康和认知功能的影响具有一定性别差异，建议为丧偶老年人提供针对性支持服务，以改善其生活质量。对于男性丧偶者，应特别关注其认知健康和亲子关系，并提供戒烟服务；而对于女性丧偶者，应鼓励她们通过规律锻炼保持认知和心理健康。

四、研究展望

基于本书的研究成果，笔者认为，未来关于老年人认知功能与心理健康的研究，以及更为广泛的老龄健康研究，可以在以下方面进一步探索和拓展，以优化与健康老龄化相关的公共政策和健康服务体系。

（一）探讨晚年认知功能与心理健康之间双向关系的机制和异质性

未来研究应进一步探讨认知功能和心理健康在老年人群中的长期变化趋势及其相互影响。本书揭示了情景记忆能力和抑郁症状之间存在双向关系。然而，不同认知功能子域（如注意力、计算能力、执行功能）与抑郁症状之间的关系可能有所差异。此外，需要更加精细、深入地探讨认知功能与心理健康之间双向关系的生成机制和群体异质性。例如，可以检验健康行为、社会参与等因素是否发挥了中介作用；可以探讨不同社会经济背

景、社会支持水平、性别等特征对这种双向关系的调节作用，以识别不同老年群体的认知功能—心理健康互动模式，制定更具针对性的健康干预策略。

（二）拓展关于社会支持和社会资本对健康影响的研究

社会支持和社会资本在老年人认知功能和心理健康中发挥着关键作用。例如，本书发现，社会参与在互联网使用和认知功能之间发挥了中介作用；子女支持能够缓解丧偶对老年男性负面心理福祉的增强作用。未来研究应进一步探讨不同类型的社会支持（包括家庭支持、朋友支持、社区支持等）和不同结构的社会网络如何形塑老年人的健康行为和健康结果。此外，未来研究可以探索如何通过社区建设来增加老年人社会资本，例如研究如何通过社区项目或志愿活动等方式提高老年人的社会参与度，增加其社会资本，进而改善其心理健康和认知功能。

（三）探讨互联网和数字技术对提高老年人生活质量的作用

当今中国已步入数字时代，互联网和数字技术在老年人群体中的普及率逐渐提高。本书发现，使用互联网对延缓认知功能衰退、弱化抑郁症状都有积极作用。未来研究应进一步探讨数字鸿沟对老年人健康的影响及其机制。一方面，应研究如何通过互联网使用增强老年人的认知储备和心理韧性；另一方面，也应关注老年人在使用互联网过程中可能面临的技术障碍和心理压力，从而为制定更为人性化的数字技术推广策略提供依据。此外，随着智能技术的不断发展，未来研究还应关注智能设备和人工智能对老年人健康的影响，探索如何利用这些新技术来提高老年人的生活质量和健康水平。例如，智能家居、健康监测设备和虚拟现实技术等是否可以被用于认知训练、心理疏导和健康管理，从而有效改善老年人的健康状况。

（四）以跨代分析充实生命历程视角下的健康差异研究

跨代因素对老年人认知功能和心理健康的长期影响仍需深入研究。本书发现，童年时期的家庭环境（如父母关系质量）对晚年心理健康存在重要影响，并且夫妻关系质量会存在一定程度的代际传递。未来研究可以进一步探讨祖父母和父母的健康状况、生活方式和文化价值观等如何通过代际传递影响当前老年人的健康行为和健康结果。这种跨代研究有助于揭示影响老年人认知功能和心理健康的家庭机制，并为制定基于家庭的健康干预策略提供实证支持。

（五）加强对文化因素和地域差异的研究

老年人健康不仅受到生理和社会经济因素的影响，文化因素和地域差异也扮演着重要角色。中国作为一个多民族、多文化的国家，不同文化背景和地域的老年人可能在认知功能和心理健康上表现出不同的特征和需求。未来研究应注重探索价值观念、传统习俗、宗教信仰等文化因素如何影响老年人的健康行为和健康结果。此外，还应关注城乡差异、区域发展不平衡等对老年人健康的影响，探讨如何在不同的社会文化背景下优化健康干预策略。

（六）整合多元数据和方法，推动跨学科研究

未来研究应注重整合多元数据和方法，推动跨学科研究，以更加全面地理解老年人认知功能与心理健康的复杂机制。本书主要依赖于定量研究方法和追踪调查数据，但在此基础上，未来可以结合定性研究以及心理学和神经科学的实验方法，甚至利用大数据技术和机器学习方法分析健康医疗数据、社交媒体数据、环境暴露数据等多种来源数据，以更加精细地探究促成老年人认知功能和心理健康变化的机制。利用多元数据和跨学科方法不仅能够丰富学术研究，也有助于制定更加个性化、精细化的老年健康干预策略。

（七）推动国际比较研究

未来，中国学者应加强国际比较研究，既利用国际社会丰富的老年健康数据进行实证分析，通过跨国对比来充分认识中国老龄健康问题的普遍性与特殊性；也借鉴其他国家应对人口老龄化的成功经验，协助制定符合中国国情的健康老龄化政策。通过国际化的研究视角，可以更好地理解全球老龄化背景下的健康挑战，为制定科学合理的公共政策提供坚实的理论基础和经验资料。

参考文献

[1] Kawachi, Ichiro, & Berkman, Lisa F. (2014). Social Capital, Social Cohesion, and Health. In Lisa F. Berkman, Ichiro Kawachi, & M. Maria Glymour (Eds.), *Social Epidemiology* (*Second Edition*) (pp. 290–319). New York: Oxford University Press.

[2] Link, Bruce G., & Phelan, Jo. (1995). Social Conditions as Fundamental Causes of Disease. *Journal of Health and Social Behavior*, 35(Extra Issue), 80–94. doi: 10.2307/2626958

[3] United Nations. (2024). World Population Prospects (2024 Revision). Retrieved from https://population.un.org/wpp/.OECD, & WHO. (2020). *Health at a Glance*: *Asia/Pacific* 2020 - *Measuring Progress Towards Universal Health Coverage*. Retrieved from https: //www.oecd. org/health/health-at-a-glance-asia-pacific-23054964.htm.